Oliver Janken
Leberkäswecken-Abo

Oliver Janken

Leberkäswecken-Abo

Rediroma-Verlag

Bibliografische Information der Deutschen Nationalbibliothek:
Die Deutsche Nationalbibliothek verzeichnet diese Publikation in der Deutschen Nationalbibliografie; detaillierte bibliografische Daten sind im Internet über http://portal.dnb.de abrufbar.

ISBN 978-3-98885-100-0

Umschlagillustration: HandmadePictures (shutterstock.com)

www.rediroma-verlag.de
10,95 Euro (D)

Ich: Karl Deutelmosser, Kriminalkommisar, 37 Jahre, Dienstelle in Ravensburg, Wohnort Sankt Christa Hang, in einem riesigen Haus mit 300 qm, das ich geerbt habe, und riesigem, Garten. Aufgewachsen bei meiner Oma, da mein Vater im Krieg gefallen und meine Mutter nach dem Krieg verstorben ist.

Schule: Spohn-Gymnasium. Wenn es nach meiner Oma gegangen wäre, hätte ich Rechtsanwalt werden sollen. So ein Rechtsverdreher steht bei mir auf der gleichen Stufe wie Hausierer und Autoverkäufer. Hobbys: keine (vielleicht mein Stammtisch jeden Freitag im Scharfen Eck). Frau habe ich keine, für so einen Mist habe ich keine Zeit.

Inhalt

[Kapitel 1] – Bahngleis

5. April 1970 am Morgen.
Das Telefon reißt mich aus dem Schlaf. Ich habe das Gefühl, als hätte ich einen Presslufthammer im Kopf.

„Oh Mann, das letzte Bier muss schlecht gewesen sein.“

Ich spurte zu dem verdammten Telefon. Plötzlich durchfährt mich ein Schmerz! Jetzt hau ich mir auch noch meinen verdammten Zeh am Tischbein an. Endlich erreiche ich die Nervkiste. Am anderen Ende: Obermeister Rudolf Fleischauer (Fleischi).
„Hallo Karle, bist du es?“, hallt es durch das Telefon.

„Ja ich bin’s. Was gibt es denn?“

„Mir ham eh Leiche!“

Ich frage: „Ja, wo denn?“

„In der Weisenau, an der Bahnstrecke Richtung Ravensburg.“

„Okay, bin in 20 Minuten vor Ort, Fleischi.“

Er schreit noch ins Telefon: „Vergiss dei Funzel nicht.“

„Ja, mache ich.“

Ich lege auf, oh, mein Kopf und mein Zeh.

Auch das noch, Leichen-Puzzle am Samstagmorgen. Ich schaue auf die Uhr. Oh mein Gott, es ist erst 4 Uhr! Bin doch gerade erst ins Bett. Hüpfenderweise suche ich meine Hose. Mein Kopf pocht.

Ein Königreich für eine Aspirin, denke ich. Hab nen Geschmack im Mund, als hätte einer reingeschissen. Endlich finde ich meine heißgeliebte Jeans, schlüpfe hinein und schaue mir dabei meinen Zeh an. Oha, der bekommt schon eine andere Farbe. Mal sehen, ob ich in meine Turnschuhe reinkomme. Mit viel Schmerz schaffe ich es. Jetzt noch meine Knarre aus dem Kühlschrank, Autoschlüssel sind im Hosensack. Ach ja, die blöde Funzel noch. Es ist ja noch Kuh-Nacht draußen. Ich schmeiße die Haustüre hinter mir zu.

„Oh mein Kopf!" Hinkenderweise schaffe ich es endlich zu meiner Ente (Daisy). Ein tolles Auto. In mintgrün.

In der Weisenau angekommen muss ich erstmal suchen, wo meine lieben Kollegen sind. Das Blaulicht ist ja nicht zu übersehen. Ich stelle meine Daisy am Bahngleis ab, hole die Funzel aus dem Handschuhfach und hinke über das Gleis Richtung Zug.

Oh mein Kopf, ist mir schlecht, denke ich die ganze Zeit und dann noch der Zeh. Da sehe ich schon den Fleischi im Schein meiner Taschenlampe. Er ist auch nicht zu übersehen. Zwei Meter groß mit einem Ranzen, der echt Geld gekostet hat.

„Guten Morgen, Fleischi."

„Guten Morgen, Karle."

Es trommelt in meinem Kopf. „It so laut", sage ich ihm.

Er erwidert: „Du siehst heute echt scheiße aus!"

„Ja, ich weiß, Fleischi, wo warst du denn gestern?“

„Du, ich musste einen auf Familie machen. War mit der Helga im Kino, den neuen James Bond anschauen. Der war echt klasse. Nächste Woche bin ich wieder dabei!“, schreit er mir ins Ohr.

Mein Kopf! „Des hasch jetzt mit Absicht gemacht stimmts?“

„Er grinst! Es sind noch weitere Kollegen vor Ort. Der Rudi ist auch dabei.“

„Was haben wir denn bis jetzt?“, frage ich die anderen.

„Also, wir haben den Torso, zwei Beine und einen Arm.“

„Ist aber schon markiert“, meldet sich der Rudi. „Also fehlt uns nur noch der Kopf und der Arm.“

Oh mein Gott, mir ist schon schlecht, denke ich. Mir ist ganz flau im Magen. Ich frage den Fleischi, ob schon einer mit dem Lokführer gesprochen hat.

„Ja, ist dieses Jahr schon das dritte Mal bei ihm. Der Typ ist fertig. Aber du solltest mit ihm noch mal reden.“

„Mache ich sowieso“, erwidere ich.

Echt gruselig hier, denke ich. Leichte Nebelschwaden, der Kies unter den Schuhen. Es ist dunkel und irgendwo liegt hier der Kopf. Mir läuft es eiskalt den Rücken runter. Auf einmal macht es *plop*. Mein erster Gedanke: Häh, ist das ein Fußball?

Im Schein meiner Taschenlampe sehe ich, wie der Kopf den Bahndamm herunterkullert. Der Fleischi schreit gleich: „Wir haben den Kopf!“

Ohhh, mir wird schlecht. Im gleichen Augenblick fällt mir mein Wurstsalat von gestern Abend aus dem Gesicht. Direkt dem Rudi auf die Füße. Der schreit: „Ja, bist du deppert? Meine schönen Stiefel!“

„Pass halt auf, wo du na laufst!“,erwidere ich. Ist mir schlecht, das werde ich, glaub ich, nie vergessen. Der Fleischi schreit gleich nach der Spusi und dem Gerichtsmediziner. „Hier ist der Rest!“

Nachdem alles markiert und fotografiert ist, meint der Fleischi: „I han jetzt Hunger.“ Er läuft zu seinem Bulli, macht die Beifahrertüre auf und holt aus dem Handschuhfach sein Vesper raus. Leberkäswecken kalt! „Magst auch einen? Ich habe zwei!“

„Nee, danke!“

In diesem Moment kommt der Rest vom Wurstsalat und sechs Weizen und Schnaps wieder hoch. Direkt vor den Bulli. Fleischi zuckt nur mit den Schultern und isst weiter. Ich denke: Unglaublich, der Fleischi! Ich sollte erwähnen, der Fleischi ist mein bester Kumpel. Wir sind zusammen aufgewachsen und waren Klassenkameraden. Abitur hat er nicht geschafft. Bei ihm zu Hause bin ich ein und ausgegangen. War mein zweites Zuhause. Fleischi hat eine Besonderheit, sein Vater ist Innenminister von BW. Also praktisch unser Chef. Das ist mehr wert als alles andere. Ich pass auf ihn auf und er auf mich. Das habe ich seinem Vater versprochen, denn Fleischi ist nicht gerade der Hellste.

Nachdem ich mir den Mund ausgespült habe, kommt der Lokführer dran. Ich treffe ihn beim Krankenwagen. Er ist kreidebleich.

„Mein Name ist Deutelmosser, Kriminalkommissar. Hätte ein paar Fragen an Sie!"

Er nickt.

„Haben Sie was gesehen vor dem Aufprall? Andere Personen oder einen PKW?"

Er verneint. „Ich habe nur gesehen, ganz kurz im Schein meiner Scheinwerfer, dass der Typ gefesselt auf dem Bahngleis lag."

„Gefesselt? Sind Sie da sicher?", frage ich ihn.

„Ja, sehr sicher. Ich muss ja hier am Bahnhof in Weisenau auf 40 km/h verringern und als ich am Beschleunigen bin, liegt der Typ auf den Gleisen. An Händen und Füßen gefesselt. Da ist es dann passiert. Ich habe zwar noch eine Notbremsung eingeleitet, war aber zu spät."

Ich frage ihn noch mal, ob er jemanden gesehen hat. Er verneint erneut. Also zurück zum Bahngleis, Stricke suchen. Ich rufe gleich meine Kollegen zusammen. „Also, werte Kollegen, ich muss euch leider mitteilen, dass wir es hier mit einem Mord zu tun haben."

Ungläubiges Staunen in der Runde. Außer bei Fleischi, der isst gerade sein zweites Monsterscheiben-LKW und mir wird gleich wieder schlecht.

„Ja, meine Herren, der gute Mann war gefesselt. Wir sollten das Bahngleis nach Stricken, Seilen etc. absuchen."

Allgemeine Begeisterung in der Runde.

Wir laufen gemeinsam an den Gleisen entlang. Es wird schon hell und die Sicht wird besser. Wir finden tatsächlich Stricke. „Alles eintüten, bitte, und schickt es an die Spurensicherung."

Ich habe solche Stricke schon einmal gesehen, denke ich die ganze Zeit. Wo war das noch mal? Komme nicht drauf. Mache mir eine Notiz in meinen Notizblock. Schreibe mir alles auf. Jede kleinste Information.

„Ich glaube, wir sind hier fertig, meine lieben Kollegen."

Der Fleischi kommt noch zu mir und meint: „Karle, du solltest dringend duschen. Du stinkst wie ein Iltis, und putz deine Zähne."

„Ja, ja, mache ich, altes Waschweib", erwidere ich.

Wir rücken ab und geben den Bahnverkehr wieder frei. Also fahre ich gleich mal nach Hause, um mich zu reinigen. Zu Hause angekommen wartet schon mein Kater Carlos vor der Türe. Der hat wohl Hunger. Wir gehen rein und ich gebe dem Kater was zu fressen. Dann nichts wie unter die Dusche. Das ist wie ein Jungbrunnen für mich. Mir geht der Strick nicht aus dem Kopf und mir ist eingefallen, wo ich so einen schonmal gesehen habe. Das ist ein Kälberstrick. Bauern haben so was, um ihre Kälber anzubinden. Will mich gerade anziehen, da stelle ich fest, dass meine Lieblingsjeans voller Kotz-Wurstsalat ist. Na Bravo! und meine Adidas Sambas auch. Verdammter Mist. Neue Hose, neue Schuhe. Viele behaupten ich sehe aus wie ein Hippie (John Lennon), aber mir gefällt das so. Meinem Chef weniger, aber das ist mir egal.

Jetzt gehts in die Gerichtsmedizin. Ich muss wissen, wer der Tote ist. Außerdem arbeitet in der Gerichtsmedizin der Dr. Köster, der Georg, der hat bestimmt ein Aspirin für mich.

Als ich dort ankomme, höre ich es schon. Wagner hallt durch die Gänge. Der Georg beschallt seine Toten mit den Nibelungen. Ja, so ist er, der Georg. Da geht es voll ab. Als ich reinkomme, grinst er nur. Er hat den Toten vom Bahngleis auf dem Tisch. In der rechten Hand hat er ein Glas Wasser, in der linken eine Tablette. Bin verblüfft, „Woher weißt du denn, dass ich das brauche, Georg?“

„Ja, der Fleischi hat angerufen“, erwidert er. „Du würdest furchtbar aussehen!“ Fleischi, das alte Waschweib. Er grinst. Ich schlucke die Tablette und trinke das Glas mit einem Zug aus. Mann oh Mann, habe ich einen Brand.

„Und, Georg, was kannst du mir schon sagen?“

„Also, der gute Mann hier muss ohne Bewusstsein gewesen sein, bevor ihn der Zug überrollte. Er wurde von hinten niedergeschlagen. Hier sieht man es eindeutig.“ Er dreht den Kopf hin und her.

„Ah, Ok, sonst noch was Auffälliges?“

„Er war auf jeden Fall an Händen und Füßen gefesselt. Er hat an den Gelenken Hämatome und Abschürfungen. Was noch interessant ist, hier an dem Reststrick, fällt dir da was auf, Karle?“

Ich schaue ungläubig, „Ja, des ist ein Kälberstrick“, sage ich ihm.

„Ja, richtig! Aber der Knoten, da kannte sich einer mit Knoten aus. Marine oder Fischer würde ich sagen.“

„Ja, stimmt, sieht profimäßig aus. Hatte er irgendwelche Papiere, Ausweise oder dergleichen dabei?“

„Ja hier!“ Er gibt mir eine Brieftasche aus Leder, die in einer Tüte steckt.

„Sonst noch was Interessantes?“, frage ich ihn.

„Ja, er muss Linkshänder gewesen sein und körperliche Arbeit war kein Fremdwort für ihn. Den Rest schicke ich dir rüber, wenn der Bericht fertig ist.“

„Super, Georg, echt klasse, dass du so fix bist.“

„Für dich immer, Karle.“

Ich verabschiede mich von Georg. Als ich zur Türe rausgehe, dreht er seine Pioneer-Anlage voll auf. Die armen Toten!

Meinem Kopf und Zeh geht es schon merklich besser. Auf ins Präsidium!

Dort angekommen marschiere ich gleich zu Moni, unsere Sekretärin. Bei mir ist es so, ich diktiere meine Berichte auf Kassette und Monika schreibt sie dann. Bei mir geht das nicht so schnell auf der Schreibmaschine. Dafür führe ich sie einmal im Monat zum Essen aus. Danach mache ich mich auf den Weg zur Spurensicherung. Sollte noch die Brieftasche abgeben. Also auf in den ersten Stock. Als ich reinkomme, sehe ich ihn schon, den Oberhorst von der Spusi. Kreidel! Der sieht aus wie ein Lackaffe. Anzug, Krawatte, hochpolierte Schuhe und einen Besenstiel im Arsch. So läuft der nämlich.

„Ahh, der Herr Deutelmosser!"

Ich denke, oh, wie süffisant!

„Ich habe gehört, heute Morgen haben Sie sich am Tatort übergeben. Direkt Ihrem Kollegen auf die Füße? Deutelmosser, Sie haben Nerven!"

„Für Sie immer noch Herr Deutelmosser! Ist das klar, du preußisch lackierter Lackaffe?"

Er reißt die Augen auf. Ich kann das Weiße sehen. „Nur weil Sie mit dem Herrn Innenminister auf du und du sind, meinen Sie, dass Sie sich alles erlauben können?"

„Ja kann ich“, erwidere ich. „Und jetzt geh mir aus der Sonne, sonst vergesse ich mich noch!“

Er tritt zu Seite und geht zur Türe. Ich rufe ihm noch hinterher: „Herr Kreidel, nehmen Sie endlich mal Ihren Besenstiel aus Ihrem Arsch, so läuft doch keiner!“

„Tzz, ich werde mich bei Ihrem Chef beschweren.“

„Ja, mach das, du Tranfunzel.“

Und weg ist er.

Von hinten kommt der Reinhold, der eigentliche Chef. Der ist zwar ein Sturggeder, aber doch ein Schwabe. „Dem hast du es aber richtig gegeben“, meint der Reinhold.

„Ja, des hat jetzt sei müssen. Du, Reinhold, wegen was ich eigentlich da bin, ich habe hier diese Brieftasche. Kannst du mir die auf Fingerabdrücke untersuchen? Wäre wichtig.“

„Ja, klar kann ich das machen. Natürlich sofort, wie immer bei dir! Des kostet dich aber 1/4 Roten.“

Ich grinse. „Logo, Reinhold.“ Dann kommt mir in den Sinn: Der Tote könnte ja auch aus PLK stammen, da kommen viele Selbstmörder her. Im ersten Moment sah es ja aus wie ein Selbstmord. Schaden kann es ja nicht. Also ab ins Büro, Telefonbuch raus und Nummer suchen. Nach meinem dritten Anruf habe ich den Richtigen an der Strippe. Dr. Köhler! Ich frage ihn gleich, ob ein Patient abgängig ist.

„Ja, eine gewisser Josef Maier fehlt seit heute Nacht.“

Oha, denke ich mir. „Können wir das persönlich besprechen?“, frage ich ihn.

„Ja, heute Mittag um 14 Uhr in der PLK. Melden Sie sich an der Pforte.“

„Einverstanden, dann bis heute Nachmittag.“

Kaum habe ich den Hörer aufgelegt, ruft der Reinhold aus der Spusi an. „Du, Karle, ich kann dir sagen, wie der Tote heißt!“

„Sein Name ist Josef Maier“, antworte ich.

Es ist still am Telefon. „Woher weißt du denn das jetzt, Karle?“

„Reine Intuition, mein lieber Reinhold. Aber du könntest mir verraten, wo er wohnt.“

Ich bekomme die Adresse: RAV, Goldgasse 12.

„Wenn du fertig bist mit den Fingerabdrücken, schick mir die Geldbörse runter auf meinen Schreibtisch.“

„Alles klar“, meint er. Ich lege den Hörer auf.

Mein Magen meldet sich. Ich habe Hunger und Durst. Also nichts wie in den Hock-Raum.

Es gibt einen Raum in unserer Dienststelle im Keller, da hocken wir immer nach Feierabend.

Ich komme rein, und wer sitzt natürlich drin? Der liebe Fleischi! Er zieht eine Halbe und natürlich einen LKW rein. Ich hole mir ein Wasser aus dem Kühlschrank und trinke es in einem Zug leer.

„Hasch en Brand?“, kommt von Fleischi.

„Ja, und wie!“ Ich setze mich zu ihm. „Du, Fleischi, du könntest mal nachsehen, ob der Tote bei uns aktenkundig ist? Sein Name ist Josef Maier, Goldgasse 12 in Ravensburg.“

Er schaut mich ungläubig an. „Bei dir muss immer alles sofort gehen, Karle! Aber mei Bier und mei Leberkäswecken, den darf ich noch zuende essen, oder wie?“

„Ja klar, Fleischi!“

„Ach übrigens!“, kommts hämisch von ihm. „Der Chef ist mir über den Weg gelaufen. Du sollst dich dringend bei ihm melden.“ Er grinst dabei. „Was hast du denn mit dem Fuzzi von der Spurensicherung gemacht? Wie heißt der noch mal? Ja, Kreidel!! Der Buschfunk funktioniert prima heute“, sagt er zu mir.

„Ich habe ihm nur meine Meinung gesagt, nichts anderes! Der Lackaffe.“

Er grinst. „Völlig richtig hasch des gemacht. Der passt einfach nicht zu uns, der Preuß!“

Da sind wir uns wieder mal einig, der Fleischi und ich.

„Also, Fleischi, ich muss los. Muss in die Weisenau!“

Er ruft mir nach: „Pass bloß auf, dass sie dich nicht dabehalten!“

In der Weisenau angekommen muss ich mir erstmal einen Parkplatz suchen. Ich stelle meine Daisy also irgendwo hin. Mache ich eigentlich immer so. Für langes Suchen habe ich keine Zeit. Ich laufe also zur Pforte und überlege, welche Fragen ich stellen soll. Auf einmal ein Pfiff. Ich drehe mich um, da steht der Pförtner vor mir und sagt: „Ja, wo will das Bürscherl denn hin?“

„Habe einen Termin mit Dr. Köhler!“, erwidere ich.

„Ja ja, das könnte jeder x-beliebige dahergelaufene mir-nix-dir-nix-larifari-Hippie behaupten. Und jetzt schleich di, du Hippie!“ Er baut sich vor mir auf und rümpft die Nase.

Ich greife in meine linke Hosentasche und zücke meine Marke. Diese halte ich ihm vor die Nase und mit der rechten Hand schiebe ich meine Lederjacke zurück und lasse mein Walter PPK blitzen. Dann sage ich zu ihm: „Das sind meine Eintrittskarten. Funktioniert immer. Totsicher!“ Ich grinse .... ein Gefühl von Genugtuung steigt in mir hoch.

Er fängt an zu stottern: „Ja ja, ja, klar, kein Problem! Wer hätte auch gedacht, dass so einer Polizist ist.“

Ich denke: So ein Ignorant!

Er zeigt mir den Weg, wo ich langgehen muss. Ich zeige mit dem Zeigefinger und Daumen (Daumenpistole) auf ihn. Er verschwindet in seinem Pförtnerhäuschen. Das passiert mir oft, dass die Menschen es nicht glauben können, dass ich Polizist bin. Das hat Vor- und Nachteile.

Als ich so durch den Park laufe, sehe ich sofort, wer Patient ist und wer nicht. Lauter Gehirn-Zombies überall. Na ja, Gott sei Dank gibt es solche Einrichtungen.

Endlich erreiche ich das Gebäude und melde mich im EG bei der Sekretärin an. Sie führt mich zu Dr. Köster. Ich betrete das Büro. Ein Mann um die 50, klein, um die 155 cm groß, mit Halbglatze und Brille. Er reicht mir die Hand.

„Ich bin Kommissar Deutelmosser, Morddezernat.“ Ich zeige ihm meine Marke.

„Wie kann ich Ihnen helfen, Herr Deutelmosser?“

Wir setzen uns. „Dr. Köster, bei Ihnen war ein Patient mit dem Namen Josef Maier! Ist das richtig?“

„Ja, das ist richtig!“

„Und wann haben Sie den Verlust festgestellt?“, frage ich ihn.

„Gestern Abend ist er nicht zum Abendessen erschienen.“

„Könnte ich die Krankenakte des Herrn Maier haben?“

„Das ist absolut unmöglich! Ärztliche Schweigepflicht!“, sagt er in einen bestimmenden Tonfall.

„Lieber Herr Köster, diese Akte werden Sie wohl nicht mehr brauchen, da Herr Maier leider tot ist. Wir gehen von Mord aus. Wir haben heute Morgen seine Leiche auf den Bahngleisen gefunden oder was davon übrig war!“ Oha, mein Magen meldet sich wieder.

Er steht auf und ist total entsetzt. „Nicht der Maier, er hat so große Fortschritte gemacht in der Therapie. Unfassbar! Und Sie meinen, es war Mord?“

„Ja, wir gehen davon aus. Er war gefesselt.“

Dr. Köster telefoniert und lässt sich die Akte bringen. Er gibt sie mir.

„Hatte Herr Maier Besuch in letzter Zeit?“

„Ja, es waren zwei junge Männer hier, die mit ihm sprachen.“

„Wie lange war Herr Maier schon hier in der PLK?“

„13 Wochen. Er sollte nächste Woche entlassen werden. War praktisch über dem Berg sozusagen!“, gibt er mir zu verstehen.

„Herr Köster, ich lasse die Sachen von Herrn Maier abholen. Wären Sie so freundlich, die Habseligkeiten bereitzustellen?“

„Ja, sicher, ich werde alles veranlassen.“

„Hatte Herr Maier Kontakt zu anderen Patienten?“

„Nein das nicht! Er mochte es nicht, in der Gruppe zu sprechen, und Kontakte vermied er eigentlich. Er war sehr Introvertiert.“

„Aha, danke für die Informationen. Und wenn ich nochmals Fragen habe, melde ich mich, oder wenn Ihnen noch was einfällt, dann rufen Sie mich an. Hier ist meine Karte. Einen schönen Tag noch!“

Er erwidert den Gruß. Ich öffne die Akte. Ah prima, gleich vorne ein Foto von ihm. Den Rest lese ich heute Abend zu Hause. Ich glaube, die

Krankenhausluft bekommt mir nicht. Mir ist flau im Magen, ich sollte was essen.

Als ich an der Pforte ankomme, nehme ich mir den Pförtner noch einmal vor. Der ist ja geradezu wie ausgewechselt, steht da wie ein Zaunpfahl. Hände an der Hosennaht, der war wohl beim Bund. Ich ziehe das Foto aus der Akte und frage ihn: „Haben Sie den schonmal gesehen?"

„Ja, natürlich, Herr Kommissar, der ist hier öfters mit zwei jungen Männern herumgelaufen. Vorgestern erst habe ich sie gesehen. Gleich da vorne! Die hatten sich ordentlich in der Wolle, haben sich gegenseitig geschubst. Ich bin dann dazwischen und habe die Männer vom Gelände verwiesen. Der eine hat immer gerufen, Josef, ich krieg dich, Warts nur ab! Ich krieg dich!"

„Ah Interessant! Wie sahen die Männer denn aus?"

„Ja, der eine, das war ein Spaghetti-Fresser, um die 20, 160 cm, schlank, Locken. Der andere eher Jünger. 17 oder 18, 170 cm, würde ich sagen, lange blonde Haare, eher dürr, und er hatte eine Hasenscharte."

„Sehr gut!" Ich gebe ihm meine Karte. „Kommen Sie bitte morgen früh auf das Polizeipräsidium nach Ravensburg. Wir müssen Ihre Aussage aufnehmen und eine Phantomzeichnung anfertigen."

„Ja, gerne, Herr Kommissar, aber bitte, Herr Kommissar!"

Ich verabschiede mich. Was für ein Schleimscheißer, denke ich mir. In Weisenau gibt eine gute Metzgerei. Ich halte mit meiner Ente direkt vor der Türe und hole mir 2 Große LKWs, was ein Genuss! Ein Bier dazu wäre jetzt himmlisch. I han jetzt en Durscht!

Also zurück ins Präsidium. Dort angekommen liegt in meinem Büro die Brieftasche von dem Toten und ein Bericht vom „Wagner" Georg aus der Gerichtsmedizin. Als ich diesen gerade lesen will, kommt mein Chef in mein Büro. Der ist nicht gut drauf. „Herr Deutelmosser, so geht das nicht! Sie können doch hier die Kollegen nicht beschimpfen. Sie können doch nicht zu ihm sagen", er kramt in seiner Hosentasche, holt einen Fresszettel heraus, „ja, wie war das? Tranfunzel, preußischer Lackaffe und der gute Herr Kreidel hätte einen Besenstiel in seinem Allerwersten? Das geht so nicht! Der ist doch erst vier Monate hier!" Ich denke, gleich heult er! „Das geht nicht, das können Sie nicht machen!"

„Ja, werde in Zukunft mei Gosch halten!"

„Das wäre sehr nett von Ihnen, echt nett, Herr Deutelmosser!"

Oh Mann, gleich steckt er in meinem Hintern, denke ich. „Chef, eine Bitte hätte ich. Wenn ich in Zukunft mit meinen spurentechnischen Angelegenheiten gleich zum Reinhold dürfte, so gehe ich dem Preußen aus dem Weg."

„Alles, was Sie wollen, Herr Deutelmosser. Sie sind unser bester Kommissar! Aber halten Sie sich zurück und ziehen Sie sich mal was anderes an. Das habe ich ihnen schon 100 mal gesagt. Und benutzen Sie unsere Dienstwagen.“ Er holt sein Taschentuch heraus und wischt sich den Schweiß von der Stirn. „Ach ja, wie sehen die Ermittlungen aus mit dem Toten vom Bahngleis?“

„Ja, Chef, wir haben hier einen Mord. wir sollten eine Soko gründen. Alleine schaffe ich das nicht.“

„Alles, was Sie wollen, Herr Deutelmosser. Wie viele Leute brauchen Sie denn?“

„Drei Leute und die Moni für die Berichte.“

„Also gut, nehmen Sie sich die Leute. Aber zügeln Sie sich in Ihren Äußerungen, verstanden?“

„Ja mache ich!“, sage ich und schaue ihn dabei an.

Er verschwindet aus meinem Büro. Zu unserem Chef sei gesagt, er ist kein Württemberger, er ist ein Badenser. Kommt aus Freiburg, ist aber ok. Nur einen Makel hat er halt doch. Seinen Namen! Jetzt haltet euch fest, Adolf Spinnenhirn. Der Einzige auf dem Präsidium, der ihn beim Nachnamen ruft, ist der preußische Lackaffe. Ich musste das letzte Mal aus dem Büro, weil ich mir vor Lachen fast in die Hosen gemacht hätte. Der Fleischi musste auch raus. Wir haben uns auf dem Klo nicht mehr halten können vor Lachen. Herr Spinnenhirn, Herr Spinnenhirn ruft in einem sonoren hohen Ton. Der Typ ist bestimmt von der anderen Fakultät.

Ich muss jetzt was trinken, es ist ja schon halb sieben. Auf in den Hock-Raum. Als ich reinkomme, sitzen da schon alle Verdächtigen. Fleischi, Reinhold, Rudi und noch ein paar andere Kollegen. Die Moni ist auch da. Ich hole mir gleich mal eine Halbe aus dem Kühlschrank. Mensch han i en Durscht.

„Meine lieben Kollegen, dürfte ich um Gehör bitten? Ich gründe eine Soko Weisenau und brauche dazu dich, Moni, Fleischi, Rudi und den Reinhold. Ist vom Chef abgesegnet.“ Allgemeine Begeisterung. „Morgen legen wir gleich los. Aber jetzt gebe ich erstmal eine Runde aus und 1/4 für den Reinhold.“

Nach zwei Halbe Bier verlasse ich meine Kollegen und sage ihnen Bescheid, dass wir uns morgen um 9 Uhr früh in meinem Büro treffen. Ich fahre nach Hause und sollte den Bericht von der Weisenau noch lesen. Zu Hause angekommen wartet schon Carlos auf mich. Muss darauf achten, dass ich die Katzenklappe in der Küche auflasse. Ich gebe dem Bohle was zu fressen, setze mich auf meine Terrasse und fange an, den Bericht zu lesen. Nach zehn Minuten reicht es mir. Was für ein Fachchinesisch. Verstehe nur die Hälfte. Den Bericht bringe ich morgen zum „Wagner“ Georg. Der soll mir das übersetzen. Bin hundemüde und haue mich jetzt in die Falle.

Am nächsten Morgen bin ich schon ziemlich früh im Präsidium. Bin eigentlich der Erste. Erst mal Kaffee machen und meine Berichte diktieren für die Monika. Der Fleischi ist der Nächste, der erscheint.

„Guten Morgen Karle! Hast du senile Bettflucht oder was? Dass du schon hier bist, normalerweise bist du immer der Letzte."

„Ja, Fleischi, bin wie ein Bluthund. Wenn ich Blut gerochen habe, gibt es kein Halten mehr."

„Ja stimmt schon, aber das bedeutet für uns dann schaffe, schaffe, schaffe und du bist dann unerträglich."

Ich grinse. So gegen 9 Uhr sind dann alle in meinem Büro.

„So meine Lieben … Rudi, du nimmst nachher die Aussage von dem Pförtner auf und machst das mit der Phantomzeichnung und schau mal, ob der Pförtner und der Tote aktenkundig sind. Der Fleischi fährt in die Weisenau und holt die Habseligkeiten von dem Toten. Mal schauen, ob da vielleicht ein Haustürschlüssel dabei ist. Moni, du schreibst die Zeugenaussagen und Berichte. Reinhold, könntest du mal schauen, wo es solche Kälberstricke zu kaufen gibt? Die sahen ja noch ziemlich neu aus. Ich fahre in die Gerichtsmedizin und rede noch mal mit dem Wagner Georg."

Als ich in der Pathologie ankomme, hallt der Fliegende Holländer durch die Halle der Toten und der

Georg putzt seinen Seziertisch. Zu Georg sei gesagt, ein waschechter Ravensburger. War auch auf dem Spohn-Gymnasium wie ich, aber drei Jahrgangsstufen über mir. Er hat zwei Doktortitel in Psychologie und Pathologie. Er hat seine Dissertation in Summa cum Laude abgeschlossen, eben a Gscheitle.

„Ah schau, der Deutelmosser in meinen Heilligen Hallen."

„Hallo Georg."

„Was kann ich für dich tun, Karle?"

„Könntest du den Bericht von der Weisenau von dem Toten durchlesen und mir das so näherbringen, dass ich es verstehe?" „Ja, klar kann ich das, aber ... das kostest dich was."

„Ach nee, Georg, nicht schon wieder!"

„Doch, du musst bluten."

Ein Unbehagen steigt in mir auf. Das letzte Mal musste ich mit ihm essen gehen in ein Dreisternerestaurant, in dem es französische Küche gab. Wachteln, Schnecken, Creme Brûlée und anderen Lumpengruscht. Pfui Deibel. Ich musste einen Anzug anziehen und sah aus wie ein Lackaffe.

„Ja, passt! Was ist es diesmal?"

„Ich lade dich zu den Wagner-Festspielen nach Bayreuth ein."

„Ach nee, Georg, bitte nicht ... nee, bitte nicht!"

„Doch, doch, Karle!"

„Ok", sage ich zähneknirschend, „einverstanden."

„Das wäre in zwei Wochen am Wochenende. Ich gebe dir einen Frack von mir, wir haben die gleiche Größe und Statur."

„Ich im Frack, sag mal, spinnst jetzt komplett? Ich laufe doch nicht als Pinguin durch die Gegend!"

„Doch, das wirst du, weil du die Informationen brauchst. Also, was ist ...?"

Ich sehe in seinem Gesicht ein hämisches Grinsen. „Gut, einverstanden. Kein Wort zu den anderen Kollegen, verstanden?"

Von ihm kommt nur ja, ja! Ich gebe ihm den Bericht und verlasse die Wagner-Hallen. Mir wird ganz anders bei dem Gedanken, ich im Frack. Jetzt brauch ich erstmal was zu essen. Ein LKW oder auch zwei und eh Halbe wären jetzt prima. Also auf zu meinem Metzger des Vertrauens. Beim Fleischer bestelle ich mir zwei LKWs und ne kühle Halbe, setze mich in meine Ente und verspeise alles mit Genuss. So, jetzt geht es mir besser nach dem Schock, und jetzt zurück ins Büro.

Es ist schon fast Mittag, als ich mit meiner Daisy in den Hof reinfahre. Hinter der Wache sind alle Plätze beleget, bis auf den Parkplatz vom Chef. Er scheint nicht da zu sein. Also parke ich dort. Soko Weisenau hat Vorrang, denke ich. Als ich reinkomme, liegen die Sachen von dem Toten auf und vor meinem Tisch. Ich durchsuche die Habseligkeiten und finde einen Schlüsselbund. Während der Durchsuchung der Kartons kommt der Rudi und drückt mir die Phantomzeichnung in die Hand. Ziemlich prägnant, das Gesicht des Blonden mit der Hasenscharte, denke ich. „Ach ja, der Pförtner ist blütenweiß, keine Einträge. Allerdings, der Tote hat einiges auf dem Kerbholz. Widerstand gegen die Staatsgewalt, Einbruch und Diebstahl. Er saß in Asperg zwei Jahre."

„Aha, danke dir, Rudi."

Als ich mich gerade auf den Weg machen will, um die Wohnung von dem Toten anzusehen, geht die Türe auf und der Chef tritt herein. Er schreit mich gleich an. „Ja sind's denn wahnsinnig Herr Deutelmosser? da draußen, wo ihre Gummikuh steht, das ist mein Parkplatz! Jetzt bin ich die ganze Seestraße rauf und runter gefahren, um mir einen Parkplatz zu suchen. Herr Deutelmosser, das geht so nicht! Das können Sie nicht machen. Das ist das einzige Privileg, das ich hier habe!"

„I han halt denkt, Sie sind nicht im Haus."

„Ich bin immer hier, Deutelmosser. Haben Sie das verstanden? Und jetzt fahren Sie Ihren Dreckshobel da weg und nehmen Sie gefälligst einen Dienstwagen. Ziehen Sie sich mal was anderes an! Verflixt und zugenäht, immer das Gleiche mit Ihnen."

Er haut die Türe hinter sich zu und ist weg. Kurz darauf sehe ich im Gang, wie der Kreidler den Chef umgarnt. Er legt sogar die Hand auf die Schulter von unserem Chef. Jetzt fehlt nur noch, dass er ihm die Schuhe ableckt. Ich laufe an ihm vorbei, er grinst mich an. Dann verschwindet der Kreidler auf der Toilette.

Unser Kommissariat ist ein sehr altes Gebäude. Um 1820 erbaut. An den Toiletten steht noch „Zu den Aborten" und ich weiß genau, gleich hinter der Eingangstüre sind die Pissoirs. Die Türe geht nach innen auf. Also reiße ich sie bis zum Anschlag auf und spüre Widerstand. Hihi, erwischt. Der Kreidler schreit gleich auf. „Ja, spinnen Sie, Deutelmosser?"

Ich erwidere: „Oh, haben sie danebengepinkelt? Tzz, komplett den Anzug eingesaut!"

Er packt seinen Schniedel weg und geht ans Waschbecken, um sich zu reinigen. Ich rufe: „Mist, habe mich wohl in der Türe geirrt!"

„Ich werde mich beschweren, das hat ein Nachspiel!", schreit er in diesem sonoren Ton.

„Ja, mach das, du Schwanzlurch!"

Ich glaube, jetzt platzt er gleich. Er macht nur den Mund auf und zu wie so eine Kaulquappe und weg ist er.

[Kapitel 2] – Die Ermittlungen beginnen

So, jetzt muss ich in die Wohnung des Toten in der Innenstadt. Also parke ich in der Bachstraße, natürlich im Parkverbot, da ist immer Platz. Er wohnt im dritten Stock. Dort angekommen sehe ich, dass die Türe aufgebrochen ist. Ich zücke meine Walter PPK. Mein Puls rast. Langsam schiebe ich die Türe mit den Fuß auf und schreie: „Hier ist die Polizei! Kommen Sie mit erhobenen Händen heraus!“

Ich höre ein Poltern in der Wohnung. Mein Puls rast wie verrückt. Dann betrete ich die Wohnung und wiederhole meine Forderung. „Kommen Sie heraus!“

Jetzt bin ich im Flur. In diesem Moment geht eine Türe auf und knallt mir voll ins Gesicht. Ich sehe Sterne und meine Nase schmerzt. Ich falle auf den Boden und sehe noch, wie einer über mich rüber springt. Sofort bin ich wieder auf den Beinen und schreie: „Halt, stehen bleiben!“ Im selben Moment schießt mir das Blut aus der Nase wie ein Sturzbach. Ich halte mir die Nase zu und renne dem Typen hinterher. Er hat ein Stockwerk Vorsprung. Unten angekommen sehe ich, wie der Typ in einer Tür verschwindet. Ich renne hinterher und halte mir dabei die Nase zu. Rein in die Türe und der Typ rennt den Bäcker um und fällt hin. Auf dem Boden liegen überall Holzbretter mit Brezeln, in Rohteig, rum. Er rappelt sich auf. Einiges klebt an seinen Händen und Füßen.

„Gleich habe ich dich!“, schreie ich. Der Einbrecher rennt durch die Backstube in den Laden, schubst einige Kunden weg und rennt raus auf die Straße, an einem Softeisautomaten vorbei. Er schaut die ganze Zeit nach hinten zu mir. In diesem Moment rennt er voll gegen den Laternenpfosten. Er prallt davon ab wie ein Ping-Pong-Ball. Er liegt benommen da und ich lege ihm Handschellen an. Dabei nehme ich meine Hand von der Nase und wieder schießt das Blut heraus. Ich bin echt auf 180 und schaue mir den Verdächtigen näher an. Es ist der Typ mit der Hasenscharte. Ich sage zu ihm: „Du solltest eben schauen, wo du hinläufst, du Vollpfosten!“

Inzwischen sind mindestens zehn Personen um mich herum. Eine schreit: „Holt die Polizei!“

Ich zücke meine Marke und schreie zurück: „Die ist schon da, du Hirni!“ In diesem Moment kommt der Bäckermeister aus der Bäckerei und schreit mich an: „Wer zahlt des jetzt? Die ganze Backstube ist voller Blut und meine schönen Bretzeln liegen auf dem Boden!“

„Also, ich bestimmt nicht!“, antworte ich.

„Wenden Sie sich an meine Kollegen, sobald diese hier eingetroffen sind.“ Meine Nase blutet immer noch. Da kommt mir eine Idee: Kaltes im Nacken soll gut sein gegen Nasenbluten. Also laufe ich zum

Softeisautomaten und sage zu der Verkäuferin: „einmal bitte für 50 Pfennig Softeis."

„Mit Vanille oder mit Schoko?"

„Das ist mir egal!", sage ich zu ihr.

Dann nehme ich das Softeis und klatsche es mir in den Nacken. Die Verkäuferin starrt mich entsetzt an. Ah, schön kalt, denke ich. Nach ein paar Sekunden lasse ich meine Nase los und tatsächlich, es blutet nicht mehr. Ups, ich habe das mit dem Eis nicht zuende gedacht. Das Softeis läuft mir jetzt den Rücken runter über meinen Arsch direkt in meine Kimme.

Oh Mann, jetzt habe ich bald nichts mehr zum Anziehen. Alles voller Blut, Kotze und Eis. Morgen komme ich im Polizei-Trainingsanzug.

Meine Kollegen fahren mit Tatütata, volles Programm. Sie kommen mir entgegen. Ich erkläre ihnen den Sachverhalt und sage zu ihnen, dass sie den Verdächtigen da mitnehmen sollen. Über Funk verständige ich die Zentrale, dass der Reinhold von der Spusi in die Goldgasse kommen soll. Einer meiner Kollegen meint, dass ich mir die Nase ansehen lassen sollte. Die sieht krumm aus. Jetzt echt? So ein Mist. Ich schäume vor Wut. Also rüber ins städtische Krankenhaus. Sind ja nur fünf Minuten bis dorthin. Ich marschiere gleich in die Notaufnahme an allen vorbei. Die Schwester fragt, was mit mir passiert ist. Meine Antwort lautet: Eine Türe war im Weg. Der Haubentaucher ruft den Doktor und meint, dass er gleich kommt. Ich nicke und traue mich gar nicht, mich hinzusetzen, denn das Eis läuft jetzt an meinen Beinen herunter. Der Doc kommt rein: „Was ist denn mit Ihnen passiert?“

Ich erzähle ihm die Geschichte.

Er schmunzelt. „Die Nase ist gebrochen.“

Na Bravo!, denke ich mir. Inzwischen ist der Haubentaucher auch wieder da. „Schauen Sie nach oben!“

Es macht Knacks, ein Schmerz. „So, die Nase ist wieder gerad.“

Die Schwester schiebt mir zwei riesige Tampons in die Nase. Ich schaue in den Spiegel und bin entsetzt! So soll ich arbeiten?

„Ich schreibe Sie krank.“

„Für so was habe ich keine Zeit!“, erwidere ich. „Muss einen Mord aufklären.“ Ich verabschiede mich und gehe direkt rüber zu Reinhold in die Goldgasse.

Als ich dort aufschlage, sind meine Kollegen von der Spurensicherung schon bei der Arbeit. Alle schauen und fragen, was mit mir passiert ist. „Ich habe da vorne die Klotür ins Gesicht bekommen. Ach ja, ihr Spusis, das Blut hier überall ist von mir.“ Ich betrete gerade die Küche, da kommt der Reinhold und fängt an zu lachen. Der kriegt sich fast nicht mehr ein. Ich denke: So ein Idiot!

„Wart mal einen Augenblick, ich komme gleich wieder."

Ich denke: Häh, was will er denn jetzt?

Er kommt wieder rein und Blitz macht es und noch mal Blitz. Er hat eine Polaroid-Sofortbildkamera in der Hand.

„Ja, sag mal, spinnst du? Her mit den Fotos!"

„Nee, nee, mein lieber Karle, irgendwann willst du wieder was von mir und das ist mein Faustpfand. Das andere Foto kommt an meine Wand oder ich versteigere es im Präsidium meistbietend. Siehst echt klasse aus." Er grinst und meint, dass meine Nase ganz leicht krumm sei.

Ich denke: Oh Mann, jetzt han i au no en schiffa Zinka.

„Habt ihr hier die Spuren gesichert?"

„Ja, so weit sind wir hier durch."

„Ok, ich versiegle nachher die Bude. Muss jetzt erstmal herausfinden, was der Typ hier wollte. Irgendwas hat der gesucht, bloß was?"

Die Wohnung ist gemütlich eingerichtet. Nicht protzig oder überladen und es herrscht Ordnung. Ich fange an zu suchen in allen Schubladen, allen Schränken, in der Küche, im Bad, im Schlafzimmer, im Wohnzimmer und im Gang. Also, viel Geld hatte der nicht, ist mein Eindruck. Nach einer Stunde gebe ich auf, nichts Brauchbares gefunden, nichts von Wert. Also sollte ich meine Sichtweise verändern, also lege ich mich auf den Boden. Als ich so da liege und an die Decke schaue, da wäre ich fast eingeschlafen. Ich schaue an die Deckenlampe. Mmh, da ist ein Schatten im Glas der Lampe. Ich stehe auf, nehme mir einen Stuhl, greife den Lampenschirm und hole einen Schlüssel hervor. Den hat der Typ mit der Hasenscharte gesucht, einen Schließfachschlüssel, das ist ja mal interessant. Ich nehme den Schlüssel an mich, versiegle die Türe und fahre ins Präsidium. Beim Fahren merke ich echt, wie es mir schwerfällt, die ganze Zeit durch den Mund zu atmen. Bin immer noch auf 180, was ein Tag.

Im Präsidium angekommen laufe ich durch die Gänge, das reinste Spießrutenlaufen.

„Ja, Karle, was isch denn mit dir passiert? Du siehst ja echt scheiße aus.“ Ja, der Fleischi kommt mir entgegen. „Ja, Karle, hast du deine Tage, oder was?“

Die Einzige, die Mitleid hat, ist die Moni. Die ist richtig besorgt um mich, echt süß von ihr, und sie sagt zu mir, der Chef verlange dringend nach mir.

Oh Mann, das kann ich jetzt nicht gebrauchen das blöde Geschwätz von dem. „Später vielleicht, erst vernehmen wir den Hasenscharten-Typen. Fleischi, holst du den mal aus Arrestzelle und bringst ihn in mein Büro?“

„Ja, klar mache ich das.“

Zu unseren Büros sei gesagt, jedes Büro ist mit Glas eingefasst, also sieht jeder jeden, außer das Büro vom Chef, das ist nicht einsehbar.

Fleischi bringt den Typen in mein Büro, der hat eine Riesenbeule an der Stirn.

„Ich sage nix", ist sein erster Satz.

Danach flippe ich komplett aus wie ein Berserker, hau mit der Hand auf den Tisch, dass die Bleistifte in die Höhe fliegen, und schreie den Typen an, er soll das Maul aufmachen. Der Fleischi schaut schon ganz nervös nach links und rechts, ich lege meine Walter PPK auf den Tisch, der Typ schluckt, schaut mich und dann den Fleischi an.

„Also, was ist? Fängst du jetzt an zu singen? Oder ich lasse dich mal mit unserem Kollegen hier alleine in der Zelle."

Er schaut den Fleischi an. Ja, super, der Fleischi spielt mit, der schaut ihn an, als hätte er eine Woche lang keine Leberkäsewecken bekommen. Auf einmal fängt der Typ an zu reden wie ein Wasserfall. Ich bremse ihn und sage zu ihm: „Wir machen das jetzt so: Ich frage dich und du antwortest, verstanden?"

Er nickt.

„Also, wie lautet dein Name?"

„Jürgen Sproll."

„Und wie alt bist du?"

„Gestern bin ich 17 geworden", sagt er.

„Also, dann bist du ja noch minderjährig. Und wo warst du am Samstagmorgen so gegen 3 Uhr? Habt ihr den Josef Maier auf die Gleise gelegt?“

„Nein, das waren wir nicht, da war ich beim Arbeiten. Ich mache eine Lehre als Bäcker in Weingarten.“

„Gut, wir werden das überprüfen, wie heißt der andere Vogel, der Spaghettifresser?“

Er schaut den Fleischi an. Der lässt seine Finger knacken. Der Fleischi hat Hände wie Baggerschaufeln, riesig.

Der Typ schluckt. „Valentino Spazzegutti, der ist auch Bäcker wie ich. Wir kennen uns aus der Berufsschule, der ist so wie ich!“

„Verstehe ich nicht. Wie bist du denn?“

Er schaut mich und den Fleischi an. Der Fleischi fängt an zu knurren wie ein Bär in seiner Höhle.

„Ja, wir mögen keine Mädchen.“

„Ah ok, ihr seid schwul?“

„Ja ...“

„War der Josef Maier auch schwul?“

„Ja, der auch.“

„Und was habt ihr drei miteinander zu tun?“, frage ich ihn.

„Wir sind vor fünf Monaten in ein Haus eingebrochen. Ich bin Schmiere gestanden, der Valentino und Josef haben die Bude ausgeräumt und haben dabei 50.000 DM gefunden. Josef hat gemeint, wir sollten erstmal Gras darüber wachsen lassen. Er hat das Geld versteckt. Valentino wollte aber seinen Anteil haben.“

„Ach, deshalb wart ihr in der Weisenau?“

„Ja, genau, aber dem Josef haben wir nix gemacht, also ich nicht, ich schwör.“

Auf einmal fängt der Typ an, Rotz und Wasser zu heulen. Wir schauen uns an, in diesem Moment steht der Typ auf und winkt durch die Scheibe. Fleischi und ich schauen uns an. Ich frage den Typen, „wem winkst du denn gerade?“.

„Der da vorne, das ist Toto.“

„Welcher denn?“, frage ich.

„Der mit dem Anzug“, sagt er und zeigt auf Kreidel, ich bin von den Socken und Fleischi grinst, als hätte er ein Jahresabo von LKWs bekommen.

„Und woher kennst du den Toto?“

„Vom Bahnhof und aus Clubs. Der nimmt oft welche mit nach Hause, aber die meisten wollen nicht. Der ist komisch.“

„Aha! Das wundert mich jetzt nicht. Und bezahlt er die?“

„Ja schon!“

„Bist du auch schon mit ihm mit?“

„Ja, ein paar Mal“, sagt er.

„Los Fleischi, der Kreidel ist jetzt dran. So, aufstehen.“

Er fragt: „Was machen wir jetzt?“

„Wir begrüßen Toto.“ Ich juble innerlich. „Also, wir machen das jetzt. So, ich laufe voraus, der nächste ist dann Herr Fleischhauer und du, Jürgen, versteckst dich hinter dem Bären hier, und wenn ich jetzt sage, kommst du hinter dem hervor und begrüßt den Toto wie sonst auch, verstanden?“

Er nickt.

„Danach nehmen wir deine Aussage auf und du kannst nach Hause.“ Die Sekunden der Wahrheit, hihi, wir laufen den Gang entlang, ich bleibe vor Kreidel stehen. Er dreht sich zu mir und fängt an zu lachen. „Ja, Herr Deutelmosser, haben Sie Ihre Nase zu weit in Angelegenheiten gesteckt, die Sie nichts angehen? Ich habe mich ganz oben über Sie beschwert.“ Er tippt mit dem Zeigefinger auf meine Brust. Ich muss mich zügeln. Noch nicht. Warten, warten, denke ich.

„Jetzt sind Sie fällig, Herr Deutelmosser, jetzt sind Sie dran. Dienstaufsichtsbeschwerde, das volle Programm.“ Und er tippt immer noch. Ich möchte ihm am liebsten den Finger brechen, denke ich.

„So jetzt!“, schreie ich laut. Der Jürgen kommt hinter Fleischi hervor und begrüßt den Kreidel. „Hallo Toto, mein Süßer wie geht es dir.“ Er umarmt ihn.

Das Gesicht von Kreidel ist wie heute Morgen auf dem Klo. Er macht den Mund auf und zu wie eine Kaulquappe. Nach einigen Sekunden sagt er: „Ich kenne den nicht. Ich kenne diese Person nicht.“

Jürgen meint: „Klar kennen wir uns, du hast einen großen Leberfleck an deinem Allerwertesten.“

Alle schauen aus den Bürotüren heraus.

Echt was ist los hier im Gang, denke ich. Ich laufe zu Kreidel und hauche ihm ins Ohr: „Verführung Minderjähriger gemäß § 180 StGB? Je nach Schwere der Tat kann eine Freiheitsstrafe bis zu fünf Jahren oder eine Geldstrafe ausgesprochen werden. Das wars für dich, du verschissener scheiß Preuße, also verpiss dich, lass dich hier nie mehr sehen." Ich werde jetzt immer lauter. „Verstanden, du Kinderficker?"

Er dreht sich um und verschwindet, ohne einen Ton zu sagen. Alle kommen zu mir und klopfen auf meine Schulter.

„Sauber hasch des gemacht", kommt von Fleischi.

„Ich wusste es von Anfang an, dass der nicht ganz koscher ist", sage ich zu Fleischi. „So, jetzt zum Chef."

Als ich zu meinem Chef in das Büro trete, steht er am Fenster, die Hände hinten zusammen, und starrt aus dem Fenster. Mmmh, vielleicht schaut er seinen Benz an, denke ich.

„Chef, Sie wollten mich sprechen?"

„Ja, ja, setzen Sie sich."

„Ich möchte lieber stehen", erwidere ich.

„Herr Kommissar Deutelmosser, ich habe Ihnen gesagt, Sie sollen sich bezüglich Herrn Kreidel zurückhalten." Er starrt immer noch aus dem Fenster. „Nein, Sie nicht, Herr Deutelmosser, Sie doch nicht, Sie können es einfach nicht lassen. Sie bohren so lange und treten nach, für Sie gilt das ja nicht, sind über alles erhaben, stehen über den Dingen."

„Aber, Chef …"

„Sie sind jetzt ruhig, verstanden? Wissen's wer mich heute Morgen angerufen hat? Mein Chef, ich musste mir einiges anhören von meinem Chef, was ich da für einen renitenten Kommissar in meiner Abteilung hätte. Ich solle Sie lieber zum Verkehrsdienst versetzen und Sie sollen den Verkehr regeln." Er schaut immer noch aus seinem Fenster. Und so toll ist sein Mercedes Benz auch nicht, denke ich. „Sie haben es geschafft, Herr Deutelmosser. Dienstaufsichtsbeschwerde und ab morgen spielen Sie Weißer Hampelmann auf der Meersburger Kreuzung. Nicht zu fassen, einfach unglaublich."

„Aber, Chef!"

Er dreht sich um und schaut mich an, seine Augen werden immer größer. „Ja, um Himmels willen, wie sehen denn Sie aus? Ist ja furchtbar. Sie sind ja voller Blut, ist das Ihr Blut? Ich hoffe, das ist Ihr Blut?"

Ich antworte: „Ja, ist meins."

„Und haben Sie sich in die Hosen geschissen, oder was?"

„Nein, nein, das ist Schoko-Softeis."

„Schoko-Softeis?", fragt er erstaunt.

„Ja, Schoko-Softeis", antworte ich.

Ich erzähle ihm die ganze Geschichte von der Goldgasse, Softeis, Festnahme, Einbruch und von Kreidel."

„Ja, mein lieber Herr Deutelmosser, das verändert die Sachlage ja komplett."

Er klopft mir auf die Schulter. „Ich wusste schon immer, dass Sie ein hervorragender Kommissar sind, aber das toppt noch mal alles."

Seine Augen beginnen zu strahlen. Ich glaube, gleich weint er. Bloß das nicht.

„Was haben wir jetzt?", fragt er mich. „Eine Festnahme, eine zusätzliche Ermittlung wegen Einbruch und die unrühmliche Geschichte Kreidel. Und Sie sagen, der war wirklich minderjährig?"

„Ja", antworte ich, „zum Zeitpunkt des Vergehens sogar erst 16 Jahre alt."

„Da muss ich gleich nachher meinen Chef anrufen. So, mein lieber Herr Deutelmosser, jetzt hören Sie mir zu! In Zukunft, wenn Sie in den Außendienst gehen, nehmen Sie bitte eine zweite Person mit, am besten den Herrn Fleischhauer. Mit dem hängen sie sowieso immer rum, das ist eine dienstliche Anweisung, verstanden?"

„Ja, Chef, verstanden."

„Und jetzt gehen Sie nach Hause und ziehen sich um."

„Ich kann mich nicht umziehen, alles dreckig."

„Gut dann machen wir das so: Sie fahren jetzt in die Stadt, gehen in das Modehaus Keller, melden sich bei meiner Frau und lassen sich neu einkleiden. Ich rufe gleich meine Frau an."

„Chef, das muss nicht sein! Doch, doch, ich bezahle das."

Ich denke, mmhh en geschenkten Gaul gugt me it is maul. „Danke! So, ich gehe dann mal wieder, habe noch viel Arbeit."

Zum Chef seiner Frau sollte noch erwähnt werden, sie ist die Schwester vom Besitzer vom Modehaus Keller. Also trifft es keine Arme.

Ich komme zu Türe heraus und alle stehen vor der Türe. „Habt ihr etwa gelauscht?"

„Wir doch nicht", kommt von der Moni.

„Tztz, ihr seid unglaublich", antworte ich.

„Du aber auch", kommt von Fleischi.

„So ich muss jetzt noch mal in die Gerichtsmedizin und mit Wagner Georg reden über das Gutachten vom Toten."

Als ich die heiligen Hallen betrete, merke ich sofort, es ist ja still wie auf einem Friedhof, kein Wagner heute? Ich betrete den Sezierraum und sehe Georg beim Aufräumen. Der fängt gleich an zu lachen. „Was hast du wieder angestellt, siehst echt scheiße aus!"

„Ich weiß! Bevor ich dir alles erzähle, könntest du mal schauen, ob ich die Tampons loswerden kann, damit schmeckt mir ja kein Bier."

„Ja klar, setz dich dahin.“ Er entfernt die Tampons und reinigt meine Nase und mein Gesicht. Er meint, sie sei leicht krumm.

„Ja, ich weiß.“

„Du solltest die Nase nochmals von einem HNO ansehen lassen.“

„Werde ich machen. Ach ja, hast du den Bericht von dem Toten gelesen?“

„Ja, habe ich“, antwortet er.

„Mhh ... Georg, hast du vielleicht eh Bier da?“

„Ja, klar!“

Ich bin verblüfft, er läuft zum Kühllager, wo die Toten liegen und macht eine Luke auf! Ich denke, was macht er den jetzt? Er fährt den Schlitten heraus und ich denke: Hääh ...? Da liegt gar kein Toter! Da steht ein Kasten Bier drauf!

„Ja, sauber Georg!“

„Ist eben nicht nur das für Kühlhalten von Toten gut, fürs Bier geht das auch“, meint er.

Jeder nimmt sich einen Kolben und wir setzen uns rechts und links neben den Seziertisch.

„Zum Wohl!“ Ich trinke und stelle fest, es schmeckt mir noch, aber irgendwie komisch, hier ein Bier zu trinken, denke ich. Ach, egal ... Hauptsache, es schmeckt.

„So, wer fängt an? Du oder ich?“

„Fang du an“, meint Georg.

Also erzähle ich ihm die ganze Geschichte von der Goldgasse, Einbruch, Chef und von unserer Spusi-Schwuchtel Kreidel.

„Das macht mich jetzt ein wenig sprachlos", meint der Georg. „Hattest ja echt einen harten Tag!"

„Ja, stimmt. Und wie ist das jetzt mit unserem Toten vom Bahngleis?"

„Wie soll ich dir das jetzt erklären? Er hatte eine dissoziative Identitätsstörung und das schon seit vielen Jahren."

„Und das heißt jetzt was?", frage ich ihn.

„Du musst das so sehen, als hätte jemand anderes die Kontrolle über ihn übernommen. Als würde er sich selbst in einem Film anschauen oder als würden er eine andere Person sehen. Er konnte plötzlich Dinge denken, fühlen und sagen, die er nicht kontrollieren konnte. Auf Deutsch, eine ganz arme Sau. Karle, der hatte nichts zu lachen."

„Und steht auch drin, ob er Angehörige hatte?"

„Ja, in dem Bericht steht, er hat noch einen Bruder, der ist Pfarrer in Wolpertswende und die Schwester ist Haushälterin bei ihrem Bruder. Und die Mutter ist erst kürzlich verstorben, er muss ziemlich was geerbt haben, unser Toter vom Bahngleis."

„Das ist ja mal interessant", sage ich zu ihm.

„Und ich sollte noch erwähnen, unser Toter ist in einer streng katholischen Familie aufgewachsen, Züchtigung war da Tagesordnung."

„Ja danke. Vergällst Gott, Georg, es war ja nicht umsonst, in 14 Tagen spiele ich den Pinguin im Frack für dich in Bayreuth."

„Vielleicht solltest du vorher noch mal zum Friseur gehen. Mit der Jimmy-Hendrix-Frisur sehen die Leute ja nichts, die hinter dir sitzen."

„Mir doch scheißegal, die sollen sich doch ein Kissen holen oder woanders hinsetzen."

„Ich kenne da einen guten Friseur."

„Nee, nee, mein Guter, das kannst vergessen. An meine Haare lass ich nur die Sabine und Ei-Shampoo. Entweder so mit den Haaren oder gar nicht."

„OK, ich habe es verstanden Karle."

Ich trinke mein Bier leer verabschiede mich von Georg und verlasse die Wagner-Hallen

So jetzt nichts wie in die Stadt. Die Läden schließen gleich, ist ja fast 18 Uhr. Ich finde natürlich mal wieder keinen Parkplatz mit meiner Daisy, also wie immer Parkverbot. Ich verstehe das nicht, bin ich der Einzige, der im Parkverbot parkt? Was solls.

Also gleich rein ins Modehaus und im ersten Stock melde ich mich bei Frau Spinnenhirn. Sie weiß über alles Bescheid und hat auch schon Sachen für mich parat. Ich denke, oh, mein Gott, was für einen Geschmack hat die Frau (grau in grau). Ich lächle verlegen, das ziehe ich im Leben niemals an. So sehe ich ja aus wie alle anderen oder wie ein Banker, denke ich. Ich sage zu ihr, „das passt nicht".

„Doch, doch, das müsste passen. Ich mache das jetzt schon 30 Jahre, Herr Deutelmosser, und erkenne sofort die passende Kleidergröße.“

„Das glaube ich Ihnen schon, meine Liebe Frau Spinnenhirn.“ Auf was habe ich mich da eingelassen? Ich kürze das jetzt ab. „Wo haben Sie Jeans, Frau Spinnenhirn?“

„Da hinten haben wir ein paar wenige.“

„Also, ich hole mir jetzt eine Jeans und drei Hemden und werde an der Kasse Bescheid sagen? Ist das so in Ordnung? Außerdem habe ich keine Zeit, stehe im Parkverbot und muss einen Mord aufklären.“

Von ihr kommt ein „Ja, tztzt, Jeans, wie die Wilden“.

Ich verabschiede mich, hole mir eine Jeans und drei neutrale weiße Hemden und ziehe es gleich an. Alles andere kann ich nicht tragen und ansehen da schüttelt es mich bei dem Gedanken.

Als ich herauskomme und zu meiner Ente laufe, sehe ich gerade, wie der Manfred vom Verkehrsdienst ein Ticket an meine Scheibe heftet. Ich laufe zu ihm und schreie ihn an: „Mann, des geht nicht, nimm den Strafzettel wieder zurück.“

„Ah Hallo, Karle“, kommt von ihm, „ist das deine Flower-Power-Karre?“

„Ja, Manne, ist meine!“

„Da kann ich nichts machen, Karle, wenn es ein Dienstwagen wäre, dann ja. Schönen Gruß vom Chef.“ Er grinst und geht weg.

Ich schau auf den Strafzettel. 15 DM, ich flippe gleich aus. Ich stopfe den Strafzettel in das Handschuhfach zu den anderen.

[Kapitel 3] – Die ersten Verdächtigen

Während der Fahrt überlege ich mir, ob ich noch im Hock-Raum vorbeischau. Nee, nee, heute nicht, ich muss heute Abend meine Klamotten waschen, trocknen und bügeln, zu Hause wartet Carlos schon auf mich. Gebe meinem Bole was zu fressen, mache mich gleich daran, meine Sachen zu waschen, und duschen werde ich auch noch. Gegen 23 Uhr ist alles sauber, getrocknet, geföhnt und alles wieder hübsch.

Als ich am nächsten Morgen erwache, stelle ich fest, dass es schon 8 Uhr ist. Oh ... ich habe verpennt. Auf ins Bad und fertig machen und meine Haare frisieren, dafür brauche ich alleine 20 Minuten. Ich gebe dem Carlos noch was zu fressen und schaue auf meinen Kalender. Oha, heute ist ja schon wieder Freitag, heute Abend ist Stammtisch, heute halte ich mich aber zurück, denke ich mir. Ich schaue noch mal in den Spiegel, finde, dass ich gut aussehe, mein buntes Hemd hat alle Farben, meine Schlaghosen, Adidas Samba, Lederjacke. Ich hole die Pistole aus dem Kühlschrank, verlasse das Haus und fahre ins Präsidium.

Dort angekommen gehe ich gleich zu Fleischi und zu Rudi. Der Fleischi ist schon wieder am Essen, heute gibt es Fleischsalat.

„Fleischi, du bist ja nur am Futtern."

„Ich bin ja auch schon seit Sechse da!"

„Ist ja gut!“, antworte ich. „So ihr zwei, ich habe jetzt hier eine dienstliche Anweisung, wenn ich im Außendienst bin, muss eine zweite Person mit! Entweder du, Rudi, oder der Fleischi.“

„Mit dir in den Außendienst?“, kommt vom Rudi. „Oha, das hat mir meine Gertrud verboten. Soll mich von dir fernhalten.“

„Häh, wieso denn das?“, frage ich den Rudi.

„Lieber Karle, schau dich mal und schau uns an! Wir sind normal, du bist es nicht.“

„Also behauptest du, ich bin nicht normal oder was? Jetzt werde ich gleich massig“, sage ich zu ihm.

Da mischt sich der Fleischi ein. „Er will sagen, Karle, das du anders, bist nicht wie alle anderen hier.“

Ich erwidere: „Das ist auch gut so, das macht mich zu dem, was ich bin. Eben nicht langweilig.“

Rudi nickt und der Fleischi sagt: „Da gebe ich dir recht.“

„Also ihr zwei wir machen das jetzt so: Wenn ich in den Außendienst muss, gehe ich mit dir, Fleischi. Wenn Fleischi Urlaub oder nicht kann, komme ich auf dich zurück, Rudi. Ich brauche Kollegen, auf die ich mich blind verlassen kann, einverstanden?“

Von beiden kommt ein „Ja“.

„So, Fleischi, du könntest mal die Adresse von unserem Spaghettifresser raussuchen und du, Rudi, du kannst mal schauen, zu welchem Schließfach der

Schlüssel von dem Toten passen könnte. Ich gehe schnell noch zu Reinhold wegen den Stricken vom Bahngleis. Wir treffen uns nachher wieder in meinem Büro. Also an die Arbeit."

Auf zu Reinhold, in den ersten Stock, zur Spurensicherung. Dort angekommen, begrüßt mich der Reinhold und ich frage nach Kreidel.

„Ja, der hat seine Sachen abholen lassen und ist wie vom Erdboden verschluckt."

„Aha ... das wundert mich jetzt nicht! Der hatte keinen Arsch in der Hose, der Hinterlader."

Reinhold lacht. „Wie kann ich dir helfen, Karle?"

„Konntest du was herausfinden wegen den Stricken."

„Ja, was Interessantes. Das sind keine gewöhnlichen Stricke. An einem Strick war ein rotes Fähnchen dran. Ich konnte den Hersteller herausfinden, die Stricke kommen aus der Schweiz und sind nicht gerade billig. Bei uns hier im Süden gibt es nur einen, der die Stricke verkauft, hier ist die Adresse!"

„Saubere Arbeit mein lieber Reinhold, danke dir!"

„Gerne doch, kommt von Reinhold, ich trinke gerne Spätburgunder Trocken.

„Ich weiß, ich weiß, Reinhold, bis dann."

Ich schaue auf den Zettel: Landmaschinenbedarf Rubel, Ravensburg, Bahnhofstraße.

Im Büro zurück wartete schon der Fleischi auf mich. Er hat inzwischen die Adresse von unserem

Italiener. Laut Fleischi arbeitet der in Fleischwangen und wohnt dort auch.

„Also nach Fleischwangen“, sage ich zu Fleischi. „Ist doch lustig, der Fleischi fährt nach Fleischwangen.“

Er grinst. „Hoffentlich gibt es da eine Metzgerei“, gibt er zur Antwort. Auf dem Parkplatz meint der Fleischi zu mir: „Wilsch it lieber en Dienstwagen nehmen.“

„Nein, danke. Hast du vor der Daisy Angst?“, frage ich ihn.

„Die wackelt in den Kurven immer so, da wird mir ganz anders.“

Ich fange an zu lachen. „Der große Fleischi hat Angst vor einer Ente ... ich werde extra langsam fahren, nur für dich, Fleischi.“

In Fleischwangen angekommen besuchen wir die Bäckerei und bekommen zur Antwort, dass unser gesuchter Italiener heute den ganzen Tag Berufsschule hat in Weingarten Abt-Hyllerstraße 12.

„Du Karle, i hab Hunger. Da vorne gibt es eine Metzgerei.“

„Einverstanden“, sage ich zu ihm, „holen wir uns eine Brotzeit.“

Er holt sich vier Lkws und eine Halbe Bier, ich nur einen LKW und eine Halbe. Wir essen im Auto, der Fleischi verdrückt zwei gleich auf einmal.

Ich frage: „Was machst mit den anderen zwei?“

„Ja fürs zweite Vesper später.“

Ich denke, einfach unglaublich, der Fleischi, und in dem Fleischkäse war zu viel Knoblauch. Also nach Weingarten.

In Weingarten angekommen parke ich direkt vor der Schule und lege mein Blaulicht auf das Armaturenbrett. Das Gebäude von der Schule ist 19. Jahrhundert, Klinkerbau und ein Zaun um das ganze Gebäude.

„Fleischi, du wartest hier am Eingang, im Falle, dass der Spaghetti stiften gehen will, ok?"

„Ja, mache ich!"

Ich betrete das Gebäude und frage den Hausmeister, der gerade die Birne einer Lampe wechselt, nach dem Klassenraum.

„Da können sie jetzt nicht rein, da ist Unterricht."

Ich zeige ihm meine zwei Eintrittskarten, Walter und Dienstmarke. Ich grinse. Er meint: „Isch ja scho gut."

Ich betrete das Klassenzimmer, der Lehrer fragt mich überrascht: „Wie kann ich Ihnen helfen?"

„Kommissar Deutelmosser, ich suche Valentino Spazzegutti?"

„Der sitzt da hinten." alle Schüler drehen sich zu dem Verdächtigen um.

„Valentino Spazzegutti? Kommissar Deutelmosser, würden Sie bitte mitkommen, wir hätten einige Fragen an Sie?"

In diesem Moment steht der Spaghetti auf und schreit: „Ich wars nicht, ich wars nicht, ich wars nicht", und läuft zum Fenster, reißt es auf und springt raus. Im ersten Moment denke ich, ich bin im falschen Film. Ich zum Fenster, springe hinterher. Draußen schreie ich: „Fleischi, er ist hinten zum Fenster raus."

Oha, der Verdächtige ist schon über den Zaun. Was der kann, kann ich schon lange, denke ich, also ich auch über den Zaun. Als ich runterspringe, macht es ritsch. Unten angekommen, hängt ein Hosenbein meiner Jeans an den Zaunspitzen. Verdammt und zugenäht meine schöne Hose! Ich bin sauer, aber so richtig. Ich sehe den Verdächtigen und gebe jetzt richtig Gas. Der entwischt mir nicht, bin ein sehr guter Läufer. Ich habe 20 Meter auf ihn eingeholt und beim Laufen stößt mir die ganze Zeit der LKW auf. Zu viel Knoblauch. Ich bin nur noch wenige Meter vom ihm weg, da dreht der Spaghetti sich in einer Drehbewegung um und jetzt sehe ich, dass er ein Messer hat, er hat mich erwischt, am Arm. Ich zücke sofort meine Walter und schieße in die Luft. „So du verdammter Itaker", schreie ich ihn an. „Noch eine Bewegung und ich mache dir ein neues Luftloch, dann ziehst du Nebenluft, also das scheiß Messer weg, na was ist?"

Ich sehe, wie er überlegt. Er schaut nach links und rechts. „Denk nicht mal daran, wegzulaufen. Aus der Entfernung geht die Kugel glatt durch, glaub mir, das ist mir scheißegal. Weil du Idiot hast meine Jeans ruiniert."

Inzwischen keucht auch Fleischi herbei und was hält er in der Hand? Ein LKW. Ich bin entsetzt. „Jetzt steck den LKW weg, Fleischi."

Er steckt ihn die Hosentasche und zückt seine Knarre. In diesem Moment lässt Spazzegutti sein Messer fallen.

„Los, umdrehen, auf den Boden legen", schreie ich ihn an. Er legt sich auf den Boden. „Los, Fleischi, leg ihm Handschellen an."

Jetzt merke ich, wie an meiner Hand das Blut herunterläuft.

„Ja, Karle, du bist ja verletzt."

„Ja, ich weiß, aber viel wichtiger, meine Jeans ist am Arsch. Sehe aus wie ein Penner. Pass auf, dass der nicht flitzen geht?"

Fleischi setzt sich auf ihn drauf. Es scheint, dass der Schuss nicht unbemerkt geblieben ist! Da rücken schon unsere Kollegen aus Weingarten an. Ich sehe gerade, wie der Fleischi seinen LKW rausholt und weiteressen will.

„Fleischi, geh von dem Typen runter, der bekommt ja schon eine andere Farbe. Bist du irre? Bin hier am verbluten, und du? Isst dein LKW."

„Ih han halt Hunger!"

Ich drehe gleich am Rad. „Hol lieber den Verbandskasten aus dem Dienstfahrzeug und verbinde meinen Arm."

Ich erkläre meinen Kollegen den Sachverhalt und sie sollen Herrn Spazzegutti nach Ravensburg bringen.

„Damit musst ins Krankenhaus! Das muss genäht werden“, meint einer meiner Kollegen.

„Ja, mache ich.“

Es haben sich zwischenzeitlich viele Menschen versammelt und schauen uns an. Ich schreie, dass die Party vorbei ist und sie nach Hause gehen können. Und als wir zurück zu unsrem Auto laufen, verdrückt der Fleischi seinen LKW. Ich denke, ach, was solls. Beim Gehen halte ich meinen Arm nach oben. Ich schau mich noch mal an. Oh, mein Gott, wie schaue ich aus und was ist das? Meine Unterhose hat es auch erwischt. Ich denke sofort, da könnte noch mehr kaputt sein. Ich ziehe meinen Bauch ein und schaue vorsichtig in meine Unterhose, ob es meinen Kronjuwelen und meinem Piepmatz gut geht.

„Und alles noch dran?“, kommt von Fleischi mit vollem Mund.

„Ja, denke schon, ein wenig Blut ist an der Unterhose, aber das ist wahrscheinlich von dem Arm“, erwidere ich. „So, Fleischi, du fährst!“

„Was, ich? Mit deiner Karre?“

„Ja, du, ich bin verletzt und jetzt das Ganze mit Blaulicht, auf ins städtische Krankenhaus Nach Ravensburg.“

In Ravensburg angekommen, sage ich zu Fleischi, dass er direkt vor dem Eingang parken soll. Als wir aussteigen, sehe ich schon, wie mich die ersten Blicke verfolgen, ist mir aber egal

„Und du, Fleischi, fährst jetzt zu mir nach Hause und holst mir meinen Polizei-Trainingsanzug aus meinem Schrank und kommst wieder hierher zurück, hier sind meine Schlüssel."

Ich laufe direkt in die Notaufnahme, an allen vorbei, direkt zu dem Haubentaucher vom letzten Mal, Sie schaut mich an und meint: „Sie schon wieder, Herr Kommissar?"

„Ja, ich schon wieder!"

„Und welche Verletzungen haben Sie denn diesmal?"

Ich zeige ihr meinen Unterarm. „Das stammt von einem Messer."

„Aber Ihre Unterhose ist auch voll Blut, das sollten wir uns genau ansehen."

Mir wird es jetzt ganz anders.

„Kommen Sie mal mit, wir gehen in einen Raum. Alles ausziehen. Bei einem Messerangriff müssen wir den ganzen Körper untersuchen."

„Ist doch nur der Arm hier", erwidere ich.

„Alles ausziehen, verstanden?", sagt sie in einem Feldwebel-Ton. „Und das hier anziehen."

Sie verschwindet aus dem Raum, ich ziehe alles aus, den Krankenhauskittel an, wo hinten der Arsch raus guckt, lege mich auf die Liege und starre an die

Decke. Und denke, was eine Woche, unglaublich. Nach einer gefühlten Ewigkeit kommt der Arzt vom letzten Mal. „Ja, Herr Deutelmosser, Sie schon wieder!“

„Ja, ich schon wieder!“ Ich erzähle ihm die ganze Geschichte.

„Bei Ihnen ist ja was los.“ Er untersucht den ganzen Körper nach Einstichen, auch meinen Piepmatz und der Haubentaucher steht daneben und schaut zu. Unangenehm finde ich das.

„So, wir werden die Wunde nähen und Sie bekommen eine Tetanusspritze und einen Verband und ich werde Sie krankschreiben.“

„Krankschreiben, da ...“

Der Arzt unterbricht mich und sagt: „Ich weiß, Sie haben keine Zeit, müssen einen Mord aufklären.“

Ich grinse.

Nach der Behandlung verabschiedet sich der Arzt von mir und meint, „bis zum nächsten Mal“.

Ich denke mir, hoffentlich nicht, habe nicht mehr so viel zum anziehen. Ich sage zum General Haubentaucher: „Da draußen, Schwester, müsste ein sehr großer dicker Polizist stehen. Schicken Sie ihn bitte rein.“

Zwei Minuten später betritt Fleischi den Behandlungsraum. „Und, Karle, wie geht es dir?“

„Ganz gut geht es mir, nur zwölf Stiche waren es.“

„Und hast du meine Sachen?“

„Ja, hier.“

Ich ziehe meinen Trainingsanzug an und wir verlassen das Krankenhaus und fahren ins Präsidium. Angekommen im Präsidium stelle ich fest, dass es schon 17 Uhr ist. Also auf ins Büro.

Ich frage in der Wache, ob der Verdächtige schon in Arrest ist.

„Ja, der ist schon im Roten Haus, im Gefängnis."

„Ja, super!" Ich verabschiede mich und mache mich auf den Weg in den Hock-Raum. Als ich reinkomme, ist der voll. Oha, denke ich. Alle fragen nach meinem Befinden und wüschen mir gute Besserung

Ich denke, ist ja nett von allen, aber ich habe jetzt Durst. Ich mache den Kühlschrank auf, hole mir eine Halbe raus und setz mich zu den anderen. Dem einen oder anderen muss ich nochmals von meinem Einsatz in Weingarten berichten. Gegen 19 Uhr verlasse ich meine Kollegen, heute ist ja Stammtisch um 20 Uhr, wer zu spät zum Stammtisch kommt, zahlt eine Runde.

Ich fahre nach Hause, ziehe mich um und mache mich zu Fuß auf den Weg ins Scharfe Eck. Ich betrete den Gastraum um 19 Uhr 58. Als ich reinkomme, sitzen alle schon da, Der Pfarrer, Fleischi, Messmer, Peter, Franz und alle starren mich an.

„Ich weiß schon, der Fleischi, das alte Wäschweib, konnte seinen Mund nicht halten, stimmts?", frage ich in die Runde? Zu Fleischi sei noch erwähnt, er hat einen Hang zum Drama.

„Ja, klar“, kommt vom Pfarrer, „wie ein Wasserfall labert er die ganze Zeit.“

„Ich möchte jetzt davon nichts mehr hören, auch aus ermittlungstaktischen Gründen, habt ihr mich verstanden?“

Ein einhelliges „Ja“ ertönt.

Ich unterhalte mich gut und bestelle mir einen Wurstsalat mit Bratkartoffeln und dazu ein Weizenbier. Es schmeckt mir noch, nach dem letzten Wochenende hatte ich Bedenken, das mir der Wurstsalat nicht mehr schmeckt. Ich denke, ein Glück.

Es ist inzwischen 22 Uhr, die meisten sind schon nach Hause. Nur der Pfarrer und der Fleischi sind noch da, auf diesen Moment habe ich gewartet, ich habe ein paar Fragen an unseren Pfarrer. Ich frage ihn, ob er den Pfarrer Maier aus Wolpertschwende kennt.

„Ja, klar kennen wir uns.“

„Und was ist er für ein Mensch?“

Er greift sich verlegen in seinen Bart. „Mhh …“ Er fragt mich, warum ich das wissen möchte.

„Er ist der Bruder von unserem Mordopfer.“

„Ach so, das ändert natürlich einiges. Also, der Herr Pfarrer Maier ist der Letzte seiner Garde, altkatholisch, sehr konservativ nicht gerade umgänglich, bei ihm gibt es noch Messen in Latein.“

Oha, denke ich.

„Er hatte schon einige Gemeinden hinter sich und er war früher bei der Marine.“

Ja, sehr interessant denke ich, da fällt mir gleich der Profiknoten an unsrer Leiche ein. „Und seine Schwester ist Haushälterin bei ihm?“, frage ich.

„Er hat eine Haushälterin, aber ob das seine Schwester ist, kann ich nicht sagen.“

Ich bedanke mich und bestelle noch ein Runde. So sitzen wir noch eine Weile zusammen und unterhalten uns über alles Mögliche.

Um 23 Uhr verlasse ich das Scharfe Eck, Fleischi und der Pfarrer bleiben noch eine Weile. Auf dem Nachhauseweg freue ich mich über die neuen Erkenntnisse, wir haben neue Verdächtige. Als ich nach Hause komme, merke ich, wie die ganze Anspannung von mir abfällt. Ich freue mich auf mein Bett, weil ich an diesem Wochenende keine Bereitschaft habe.

Am nächsten Tag weckt mich mein Kater, der hat wohl Hunger! ich schaue auf die Uhr, es ist 11 Uhr, ich kann mich nicht mehr erinnern, so lange geschlafen zu haben. Ich sollte eigentlich noch in die Stadt, Hosen kaufen. Also in die Stadt, Hosen kaufen, denn um 13 Uhr schließen die Läden. Anschließend mähe ich noch den Rasen. Den Sonntag verbringe ich mit Nichtstun.

Am Montag bin ich schon um 8 Uhr in meinem Büro. Ich bin gerade dabei, meine Berichte zu machen, da betritt der Chef mein Büro.

„Guten Morgen, Herr Deutelmosser. Ich hoffe, es geht Ihnen gut.“

Ich zeige ihm meinen Verband. „Sind ja nur zwölf Stiche.“

„Gehen Sie mir weg damit, so was kann ich nicht sehen. Der Staatsanwalt hat mich auch schon angerufen wegen der Sache in Weingarten. Dann haben wir jetzt unseren Mörder und Sie können den Fall abschließen? Meine Nerven machen das nicht mehr mit. Das hätte auch schlimmer ausgehen können.“ Er holt sich sein Taschentuch heraus und wischt sich den Schweiß aus dem Gesicht.

Ich denke, Oh Mann, was ein Weichei. „Ich denke nicht, dass der Spaghetti unser Mörder ist.“

„Aber ich dachte, wir haben jetzt den Mörder gefasst und alles ist glasklar, Herr Deutelmosser?“

„Nee, nee, so klar ist das nicht, werde heute noch die Aussage von dem Itaker aufnehmen.“

„Herr Deutelmosser, auch das habe ich schon 100 mal gesagt. Auch wenn es Ausländer sind, haben diese Menschen Namen, lassen Sie das bitte in Zukunft. Kruzifix noch mal, und wie sehen Sie wieder aus? Sie konnten doch auf meine Kosten einkaufen, wieso haben Sie das nicht an?“

„Also, da fragen Sie am besten den It... den Herrn Spazzegutti. Die sind bei der Verfolgung leider draufgegangen.“

„Ja, halten Sie mich auf dem Laufenden. Ach ja, und parken Sie nicht immer, wo es Ihnen gefällt.

Immer das Gleiche mit Ihnen." Er wischt sich den Schweiß aus dem Gesicht und verlässt mein Büro.

Ich laufe rüber zu Rudi und frage ihn, ob er schon herausgefunden hat, wohin der Schlüssel von dem Verdächtigen passen könnte.

„Also, der Schlüssel passt zu einem Schließfach am Bahnhof in Ravensburg."

„Perfekt, Rudi, danke dir."

Also rüber zu Fleischi. Er ist aber nicht an seinem Platz. Ich weiß schon, wo ich den finde. Ich mache mich schnurstracks auf den Weg in den Hock-Raum, und als ich reinkomme, wer sitzt da? Der Fleischi beim Vesper.

„Guten Morgen, Fleischi. Na, was gibt es denn heute?"

„Ja auf dem Wecken ein Fleichküchle mit Ketchup und hier auf dem Wecken ein Fleischsalat und noch ein Lkw mit Senf und, äh, Bier." Er grinst dabei.

„Irgendwann platzt du noch, so Fleischi. Auf geht's, Außeneinsatz."

„Ach nee wieso kommst du immer, wenn ich am Essen bin?", fragt er mich.

„Ja, vielleicht liegt es daran, dass du immer am Essen bist. So, trink dei Bier leer und auf gehts, den Rest kannst im Auto essen."

„Und wohin geht es?"

„50.000 DM holen."

„Ja, jetzt im Ernst?"

„Ja, Fleischi!“, gebe ich zur Antwort.

Wir fahren also zum Bahnhof. Uh Wunder, ich bekomme gleich einen Parkplatz, ich lege trotzdem mein Blaulicht auf das Armaturenbrett.

„Schließfach Nummer 23, Fleischi, aber wir sollten Latexhandschuhe anziehen.“

Nach wenigen Minuten haben wir das Schließfach gefunden und der Schlüssel passt auch. Ich öffne die Türe, darin befindet sich eine Tasche. Ich öffne die Tasche und sehe, dass sie voller Geld ist.

„So viel Geld habe mich noch nie gesehen. Also, wenn das kein eindeutiges Motiv ist, Karle?“

„Da gebe ich dir schon recht, Fleischi. Wir befragen ja noch den Spaghetti, wir werden sehen. Aber zuerst muss das Geld zu Reinhold in die Spusi und zählen müssen wir es auch noch, und die Kollegen vom Einbruch sollten informiert werden. Viel zu tun!“

Auf der Rückfahrt ist der Fleischi wieder am Essen, unfassbar, wie eine neunköpfige Raupe, denke ich.

Im Büro gehe ich gleich zu Reinhold und Übergebe ihm die Tasche.

„Was hast du denn Schönes für mich?“

„50.000 DM, Reinhold.“

„Echt jetzt?“

„Ja, Reinhold, 50.000 DM, bitte auf Fingerabdrücke untersuchen und zählen. Fleischi und ich hatten Handschuhe an, für dich als Info.“

„Werde ich machen, ich melde mich, wenn ich fertig bin.“

„Sehr gut, Reinhold, bis dann.“

Und nun zurück ins Büro und den Spaghetti befragen. In meinem Büro ist der Fleischi endlich fertig mit seinem Vesper, und er strahlt.

„So, Fleischi, du gehst jetzt mit Rudi und holst den Herrn Spazzegutti aus der Arrestzelle in mein Büro.“ „Den Spaghetti?“

„Ja, genau denn.“ Ich denke, manchmal ist er echt schwer von begriff.

Nach zehn Minuten kommen die zwei Herren mit unserem Messerjockel. Er hat Fußfesseln an und Handschellen.

„Herr Spazzegutti, da hinsetzten.“

Er setzt sich und im gleichen Moment schaut er auf meinen Arm und fragt: „Und? Tut es noch weh?“ Er grinst dabei.

Wenn jetzt meine Kollegen nicht da wären, ich glaube, ich würde mich vergessen. „Kaum der Rede wert, Berufsrisiko. So, wir wissen von dem Einbruch und dazu kommt Widerstand gegen die Staatsgewalt, schwere Körperverletzung und Diebstahl. Dafür fährst du mindestens fünf bis sieben Jahre in den Bau.“

Er lächelt und meint, „das sitze ich auf einer Arschbacke ab“.

„Du bist ja ein ganz Harter“, sage ich zu ihm.

Er lächelt.

„Jetzt pass mal auf, du kleine Schwuchtel, für Mord fährst du lebenslänglich ein. Du und dein Spezi Jürgen Sproll habt den Herrn Maier niedergeschlagen, gefesselt und auf die Gleise gelegt, das ist eiskalter Mord!“

Ich schaue ihn an, er lächelt nicht mehr. Aber ich. Er schaut nach links und rechts, er springt auf und schreit mich an: „Das mit dem Mord waren wir nicht. Ja, wir haben uns um das Geld gestritten, ich wollte meinen Anteil und zurück nach Italien, aber der Josef, der Idiot, meinte, wir sollen noch warten.“

„Das sollen wir glauben? Wo warst du am 5. April zwischen 3 Uhr und 4 Uhr morgens?“

„War das ein Samstag?“

„Ja“, antworte ich.

„Ich arbeite samstags immer, bin ja Bäcker.“

„Also warst du am 5. April arbeiten.“

„Ja, klar, bis 11 Uhr.“

„Wir werden das überprüfen und jetzt bringt ihn zurück in die Zelle, Fleischi.“ Ich schaue auf die Uhr. Ohh ... es ist Mittag, darum habe ich Hunger, auf zum Metzger meines Vertrauens.

Ich parke direkt vor der Metzgerei und bestelle mir zwei große LKWs mit Senf und dazu eine Flasche Bier. Ich esse im Auto, wie immer ein Genuss.

Gestärkt fahre ich zurück ins Präsidium, in mein Büro. Ich rufe gleich in der Bäckerei an und die bestätigen mir am Telefon, das Herr Spazzegutti bis 11 Uhr morgens gearbeitet hat. Ich bitte die Personen, auf Präsidium zu kommen, um die Aussagen schriftlich aufzunehmen. Ich gebe gleich Rudi Bescheid, er soll sich darum kümmern. Ich überlege. Alles wieder am Anfang, aber das dachte ich mir schon, ich werde mir jetzt mal die Familienangehörigen des Opfers ansehen.

Ich mache mich gleich rüber in Fleischi Büro, der gerade fertig mit dem Mittagessen ist.

„Und was gab es bei dir zum Mittagessen?“, frage ich ihn.

„Meine Frau hat mir Sülze gemacht.“

„Auch nicht schlecht. Also fertig mit dem Gesülze, Außeneinsatz, Fleischi.“

„Ich bin noch nicht fertig mit dem Essen, habe hier noch ein LKW.“

„Keine Zeit, Fleischi, wir müssen einen Mord aufklären. Dann packs eben ein und iss unterwegs.“

Ich schaue ihn an. Er ist darüber nicht erfreut, ist mein Eindruck. Also, zu Fleischi sei gesagt, ich kenne keinen Menschen, der so langsam, mit Genuss und Leidenschaft, isst wie er. Im Auto gebe ich ihm zu verstehen, wie wichtig er für die Ermittlungen ist, und baue ihn ein wenig auf.

„Wohin geht es denn?“, fragt er mich mit vollem Mund.

„Wir fahren nach Wolpertswende und befragen die Angehörigen. Also, ich frage, du fragst dich durch das Dorf und findest heraus, was für ein Mensch Pfarrer Maier ist und seine Schwester."

Wir parken vor der Kirche. „Also, Fleischi, wir treffen uns nachher wieder am Auto."

„Alles klar, bis nachher", bekomme ich zur Antwort.

Ich laufe durch das Dorf und frage nach dem Pfarrhaus, nach fünf Minuten stehe ich vor dem Pfarrhaus. Es prangt ein Schild an der Türe, Betteln und Hausieren verboten.

Ich klingle und nach wenigen Minuten öffnet eine Frau so um die 50. 150 cm groß, Haare zum Dutt gebunden und weiße Kittelschürze.

„Grüß Gott, Frau Maier."

Bevor ich meinen Namen nennen kann, zetert sie schon los: „Ich glaube, Sie können nicht lesen, betteln und hausieren verboten."

Ich versuche zu antworten und denke, was ein Drachen, dazu noch der sonore hohe Ton, dass es in den Ohren nur so klingelt.

„So ein Gesindel und Abschaum wollen wir hier nicht."

„Aber, Frau Maier …" Ich komme gar nicht zu Wort.

„Wenn Sie nicht augenblicklich verschwinden, Sie Abschaum, rufe ich die Polizei!"

„Das trifft sich gut …“ Und wieder komme ich nicht zu Wort. Sie schreit: „Gesindel, Gesindel! Torben, komm schnell, hier ist Gesindel!“

Auf einmal steht ein Typ um die 25 unter der Türe, macht sich breit und sagt zu mir: „Mach dich vom Acker, Hippie, oder ich breche dir die Nase.“

Ich sage zu ihm: „Bitte nicht die Nase, die war schon dran, aber ich könnte dir ein paar Handschellen verpassen, wie wäre es damit?“ Ich lächle dabei und zeige ihm meine Walter PPK.

Auf einmal fängt die Alte an zu schreien: „Überfall, Überfall, Hilfe ...“

Jetzt fange ich an zu schreien: „Du alte Schabracke, halt jetzt endlich dein Maul, ich bin die Polizei!“ Ich zeige ihr meine Marke und meinen Ausweis. Ich sage zu dem Typen, dass er herauskommen und sich hier auf die Bank setzen soll. „Und keinen Mucks, verstanden? Sonst, werde ich böse.“ Ich wende mich wieder der Schabracke Maier zu.

„Wer denkt, dass so einer wie Sie bei der Polizei ist?“

Ganz ruhig, Deutelmosser, nicht ausrasten.

„Also, Frau Maier, ich hätte da ein paar Fragen über Ihren Bruder Josef Maier.“

„Ich habe jetzt keine Zeit, ich mache gerade Marmelade ein.“

„Also, Frau Maier, entweder haben Sie jetzt fünf Minuten für mich oder ich bestelle Sie auf die Wache in Ravensburg ein.“

„Mh ... Was möchten Sie denn wissen?“

„Ich möchte Ihnen erstmal mitteilen, dass Ihr Bruder tot ist.“

„So? Ist er jetzt endlich tot?“, bekomme ich zur Antwort.

Ich bin erschüttert. „Ja, Ihr Bruder ist das Opfer eines Verbrechens geworden.“

„Tzz ... Das wundert mich jetzt nicht.“

„Wann haben Sie Ihren Bruder das letzte Mal gesehen?“, frage ich sie.

„Das ist schon einige Jahre her.“

„Ah okay. Und wann kann ich den Pfarrer sprechen?“

„Der ist jetzt nicht da.“

„Frau Maier, hier ist meine Karte, würden Sie bitte Ihrem Bruder Bescheid sagen, dass er mich anrufen soll?“

„Ja mache ich! Ich habe jetzt keine Zeit mehr, muss zu meiner Marmelade.“ Sie knallt die Türe zu und der Typ ist auch verschwunden.

Ich denke, was ein scheinheiliges Pack. Ich laufe zum Auto und lasse mir das Ganze noch mal durch den Kopf gehen. Am Auto wartet schon der Fleischi auf mich, und ich frage ihn, „warst du erfolgreich?“.

„Mehr als das“, bekomme ich zur Antwort.

„Das verstehe ich jetzt nicht.“

„Du, Karle i han‘s Dorfblätte kennengelernt.“

„Dorfblättle?“, frage ich.

„Ja die Frau Müller, die weiß über jeden und alles Bescheid hier im Dorf. Also, das Dorfblättle, da sind wir jetzt zum Kaffee eingeladen. Komm jetzt, bevor der Kaffee kalt wird, und es gibt Schwarzwälder Kirschtorte."

Aha, daher weht der Wind. Dann auf zur Schwarzwälder Kirschtorte. Fleischi geht voraus und zeigt mir den Weg.

Wir stehen dann vor einem großen Haus mit gepflegtem Vorgarten. Fleischi klingelt und eine Frau um die 45 Jahre, schätze ich, öffnet die Türe.

„Da sind ja die Herren."

„Kommissar Deutelmosser mein Name."

„Ich habe Sie mir ganz anders vorgestellt."

„Ja, das tun die meisten", gebe ich zur Antwort.

„Gehen Sie doch mal ins Wohnzimmer, ich komme gleich mit dem Kaffee."

Auf dem Wohnzimmertisch steht die Schwarzwälder. Ich schaue Fleischi an, der grinst über beide Backen. „Sieht lecker aus, Karle."

„Ja, stimmt."

Ich setze mich auf das Sofa und Fleischi auf einen Sessel. Und da kommt ja schon unsere Gastgeberin herein mit dem Kaffee. Sie schenkt uns ein und beim Einschenken zwinkert sie mir zu. Ich denke „häh?" und wieder zwinkert sie mir zu. Oha, denke ich.

Sie setzt zu mir auf das Sofa, schneidet die Torte und jeder bekommt ein Stück.

„Also, Frau Müller, Sie haben einiges zu berichten von der Familie Maier."

„Ja ich weiß alles, was hier im Dorf passiert. Da ich Witwe bin, ist mir langweilig und ich rede eben gerne." In diesem Moment fasst sie mir an meinen Oberschenkel, ich verschlucke mich an der Torte und fange an zu husten.

„Schmeckt es ihnen nicht?"

„Doch, alles bestens."

„Wie lange kennen Sie Pfarrer Maier und seine Schwester?"

„Vier Jahre."

„Und was für einen Eindruck haben sie denn?"

„Also, die Frau Maier hat Haare auf den Zähnen und ist ein falsches Miststück, hinterhältig und falsch, und der Pfarrer, der lebt in einer anderen Welt, konservativ, einsilbig. Und wer macht noch Messen in Latein, meine Herren? Da kommt doch keiner zur Messe. Damit lockst du doch keinen mehr hinter dem Offen hervor und zu Hause hat der nichts zu melden, da gibt klar sie den Ton an. Ich glaube auch, dass sie die Predigt schreibt!"

„Aha", sage ich. Und sie hat immer noch die Hand auf meinen Oberschenkel. Ich lächle verlegen.

„Und ganz im Vertrauen, meine Herren, der Torben, so wird gemunkelt, ist der gemeinsame Sohn der Geschwister Maier, aber das habe ich nur gehört, denn der Torben ist nicht ganz richtig im Kopf und gewalttätig."

Fleischi ist schon beim zweiten Stück Schwarzwälder und es interessiert ihn offenbar nicht, was die Frau Müller da zum Besten gibt.

„Und können Sie mir sagen, ob in letzter Zeit die Messen hier in der Pfarrei regelmäßig waren.“

„Ja, die letzte zwei Wochenenden war eine Vertretung hier in der Pfarrei. Ich weiß es deshalb, weil die Messe am Samstagabend gut besucht war, und Sonntag war die Kirche proppenvoll, so gut besucht war sie schon lange nicht mehr.“

Ich ziehe das Foto aus meiner Akte hervor und frage sie: „Haben Sie den schon mal hier gesehen?“

„Mhh, nein, der Herr ist mir völlig unbekannt, Herr Kommissar. Warum möchten Sie das alles wissen?“ Und sie lächelt mich dabei an.

„Ich leite die Ermittlung in einem Mordfall.“

„In einem Mordfall, das ist ja furchtbar.“

Ich spüre, wie der Druck ihrer Hand auf meinem Oberschenkel stärker wird.

Der Fleischi ist schon beim dritten Stück Torte und beim zweiten Kaffee. Ich komme gar nicht zum Essen, die gute Frau kaut mir echt hier ein Ohr ab, immer noch hat sie meinen Oberschenkel fest im Griff. So langsam wird mir das zu heiß hier. Ich esse schnell mein Stück Torte, trinke meinen Kaffee und stehe auf. „So, meine Liebe Frau Müller, wir müssen leider jetzt gehen, denn wir haben noch viel Arbeit vor uns. Die Torte war sehr lecker.“

Von Fleischi kommt auch ein Lob, beim Rausgehen gibt sie mir einen Klaps auf den Hintern und sagt zur mir: „Schade, dass die Herren schon gehen, wollen Sie nicht zum Vesper bleiben?“

„Nein“, sage ich, und der Fleischi sagt, „ja gerne“.

„Kollege Fleischhauer, wir haben noch so viel Arbeit.“ Ich trete ihm auf den Fuß.

Oh, Mann, Fleischi, denke ich, komm runter von deinem Essenstrip.

„Ja, Ja, stimmt, wir haben noch Arbeit.“

Wir bedanken uns, ich gebe ihr noch meine Karte.

Draußen sage ich: „Sag mal, Fleischi, bist du irre oder was, die hätte mich fast gefressen. Wenn du Essen riechst oder hörst, vergisst du Zeit und Raum.“

„Ja, wenn’s schmeckt.“

Wir laufen zurück zu meiner Daisy und fahren zurück ins Präsidium.

Im Büro bin ich gerade dabei, meine neuen Erkenntnisse zu sortieren, da geht die Türe auf und der Chef tritt herein. Oh Mann, das gibt Ärger.

„Herr Deutelmosser, sind Sie von allen guten Geistern verlassen oder was, haben Sie den Verstand verloren? Eine Frau Maier hat mich gerade angerufen und mir berichtet, dass sie beleidigt worden ist! Von Ihnen! Das Wort … Moment, ich habe es mir aufgeschrieben …“ Er kramt wieder in seiner Hose und holt einen Fresszettel hervor. „Ja, genau, alte Schabracke, und Sie hätten sich ungebührlich verhalten. Sind's komplett wahnsinnig, die will Anzeige erstatten wegen Beleidigung, so geht das nicht, Herr Deutelmosser, halten Sie sich zurück."

„Aber, Chef, die Frau Maier hat sich negativ über unseren Berufszweig geäußert. Wir seien Gesindel und Abschaum."

„So, so, hat sie das?", kommt vom Chef.

„Und ihr Sohn oder was auch immer der Typ ist wollte meine Nase brechen. Ich war kurz davor, meine Waffe zu ziehen. Außerdem ist sie eine Verdächtige."

„Die Haushälterin vom Pfarrer? Deutelmosser, Sie haben vielleicht Ideen."

„Das ist keine Idee, sondern eine Tatsache."

„Also, Deutelmosser, wenn das so ist, bleiben Sie dran, aber immer schön freundlich, auch wenn es wehtut. Und halten Sie mich auf den Laufenden, verstanden?"

„Ja, klar, Chef, immer." Ich denke mir, der hat leicht reden. Ich glaube, heute Abend ziehe ich mir ein paar Bier mehr rein.

Und wiederum geht die Türe auf und der Reinhold kommt herein. „Du, Karle, ich habe tolle Neuigkeiten für dich. Also, an dem Geld waren Fingerabdrücke von Herrn Spazzegutti und vom Herrn Maier und von zwei anderen Personen, die ich nicht zuordnen kann. Aber das Beste kommt noch, halte dich fest."

„Bin ganz Ohr, Reinhold."

„Die 50.000 DM, das ist alles Falschgeld."

„Jetzt im Ernst?"

„Ja, alles Blüten! Das ist bisher der größte Fund an Falschgeld im Kreis Ravensburg."

„So eine Scheiße … verdammt noch mal …"

Der Reinhold schaut mich entrüstet an. „Freu dich doch! Das ist Publicity für dich, soll sogar eine Pressekonferenz geben."

„So ein Scheiß, das braucht keiner", antworte ich.

„Was regst du dich denn auf, Karle?"

„Ja, meinst du nicht, dass die Typen, die das Falschgeld in Umlauf bringen wollten, ihre Kohle zurückhaben wollen? Also für mich neue Verdächtige."

„Ach so? So habe ich das noch nicht gesehen!"

„Aber ich Reinhold, aber ich!"

Ich schaue auf die Uhr und stelle fest, es ist schon 17 Uhr. Ich habe jetzt Durst, also auf in den Hock-Raum, einige meiner Kollegen sind auch schon da. Ich hole mir ein Bier aus dem Kühlschrank und unterhalte mich mit den Kollegen.

Der Manfred vom Verkehrsdienst meint: „Karle, du gehst ja ab hier und bescherst unseren Kollegen viel Arbeit."

„Was soll ich machen, Manne? Ich glaube, ich habe in ein Wespennest gestoßen, andersrum wäre mir es auch lieber."

Nach der vierten Halbe Bier laufe ich nach Hause, fahren kann ich nicht mehr. Zu Hause angekommen wartet schon meine Katze Carlos auf mich, der möchte was zu fressen.

Ich erwache am nächsten Morgen auf dem Sofa, bin total verspannt. Ich gehe unter die Dusche, anschließend mache ich mir einen Kaffee, so langsam werde ich wach. Ich sollte noch zur Roswitha, die färbt immer meine Hemden ein, in schönen Farben. Also auf zur Roswitha, es liegt sowieso auf meinem Weg ins Präsidium, ich habe ja gestern meine Ente auf dem Parkplatz stehen lassen. Ich gebe meine Hemden ab und laufe über den Parkplatz. Auf dem Parkplatz stelle ich fest, dass von meiner Ente Daisy alle vier Reifen zerstochen sind. Ich schäume vor Wut und fluche auf dem Parkplatz wie ein Rohrspatz. Ich kann mir schon denken, wer das war! Der Kreidel, der schwule Holzpfosten, dieses Arschloch, wenn ich den in die Finger bekomme. Ich laufe gleich in die Wache, die 15 Meter von meinem Auto weg ist. In der Wache hat keiner was gesehen und im Wachbuch von der Nacht steht nichts drin. Ich gehe in mein Büro und rufe den Abschleppdienst.

Ich sollte mir heute mal die Firma Rubel zu Gemüte führen und herausfinden, wer die Stricke gekauft hat. Ich besorge mir die Schlüssel für einen Polizeiwagen, ein Ford Taunus, igitt, in Froschgrün.

Jetzt muss ich nur noch den Fleischi finden, ich schaue auf die Uhr, es ist 8 Uhr 45, ich weiß schon, wo der ist, also in den Hock-Raum, da ist er aber nicht und am Platz ist er auch nicht. Wo steckt denn der? Ich frage den Rudi, ob er Fleischi gesehen hat.

„Ja, der ist da, der ist vorher mit seiner Vesperbox weg. Ach du, Karle, wie geht es deinen Reifen von deiner Daisy."

Ich bin kaum zehn Minuten hier und schon wissen es alle. Zum Kotzen, echt. „Ich habe sie abschleppen lassen", gebe ich zur Antwort.

Mmh … Wo steckt der bloß? Ich suche das ganze Präsidium ab, keine Spur von Fleischi. Da kommt mir in den Sinn, der könnte vielleicht auf dem Dachboden sein, da gibt es alte Büros, die nicht benutzt werden. Also in den 3. Stock. Oben angekommen öffne ich jede Türe, und im letzten Büro sehe ich den Fleischi.

Ach nee, Karle, hast du mich gefunden! Ich habe keine Ruhe vor dir, ich möchte in Ruhe vespern.

„Was gibt es denn heute, Fleischi?"

„Heute gibt es kalten Braten und Kartoffelsalat."

„Ja, dann iss zu Ende, wir haben Außeneinsatz."

„Echt? Schon wieder, Karle?"

„Ja, schon wieder. Ach ja, was Lustiges für dich, die Reifen von meiner Daisy wurden zerstochen, alle vier."

„Echt jetzt? Das war bestimmt der Kreidel, der Arsch."

„Auf den tippe ich auch. Du darfst heute Ford Taunus fahren, das neueste Model, seit zwei Wochen im Einsatz."

„Und ich darf fahren?“

„Ja, klar. So was fahre ich nicht, Fleischi“, gebe ich zu verstehen.

Wir latschen also zu unserem Dienstwagen, einen Grünen Ford Taunus. Fleischi freut sich über den neuen Dienstwagen mit Funk im Auto, ich freue mich weniger.

„Wohin soll es denn gehen, Karle?“

„Landmaschinen-Rubel. Fleischi, du weißt, wo das ist?“

„Ja, klar!“

Bei der Firma angekommen steigen wir aus und laufen über den Hof direkt ins Büro.

„Grüß Gott, wir hätten gerne den Verkaufsleiter gesprochen. Ich bin Kommissar Deutelmosser und das ist Polizeimeister Fleischhauer.“

„Worum geht es denn?“, fragt mich eine Frau, so Ende 50 und sehr dürr, das reinste Klappergestell.

„Wir hätten gerne gewusst, wer bei Ihnen solche Kälberstricke gekauft hat.“ Ich zeige ihr ein Foto.

„Da brauchen wir keinen Verkaufsleiter, weil wir keinen haben, das mache ich alles hier.“

„Dann umso besser“; antworte ich.

„Und Sie sind Kommissar?“

Ich denke, oh Mann, nicht schon wieder.

„Ja, ich bin Kommissar und hier ist meine Marke.“

In diesem Moment wird Fleischi laut. „Ja, er ist Kommissar und wir möchten die Informationen, und zwar pronto, verstanden?“

„Ja, ja, ist ja schon gut, ich schreibe es Ihnen auf. Es sind nur drei Kunden, die diese Kälberstricke gekauft haben. Wir haben diese noch nicht lange im Programm“, gibt sie zur Antwort.

Wir verabschieden uns von dem Klappergestell.

„Danke, Fleischi, so kenne ich dich gar nicht.“

„So bin ich, wenn ich Hunger habe, Karle! Da macht mein Magen komische Geräusche.“

„Ja, stimmt, Fleischi das habe ich auch schon gehört bei dir. Also suchen wir erst was zu essen, verstehe ich das richtig, Fleischi?“ Ich schaue ihn an.

„Ja, das wäre nett, Karle!“

„Kein Problem, Fleischi. Ja, dann zum Metzger deines Vertrauens.“

Also fahren wir zum Metzger, dort decken wir uns ein, ich einen LKW mit Senf auf Laugenwecken und einen Kakaotrunk, Fleischi hat sich heute einen Ring Schwarzwurst, drei Laugenwecken und eine Halbe Bier gekauft. Wir essen im Auto, 45 Minuten später hat Fleischi den Ring vernichtet. Ich denke, unglaublich, wo stopft der das hin?

„Können wir jetzt fahren, Fleischi?“

Seine Augen leuchten. „Ja, können wir! Wohin müssen wir, Karle?“

„Nach Tobel 1“, sage ich.

Wir holen die Karte aus dem Handschuhfach und finden es nach zehn Minuten auf der Karte. Ich spiele Wegweiser. „Fleischi, auf gehts, gib Gummi.“

Nach 30 Minuten finden wir den Ort, der wirklich sehr abgelegen liegt, in einem Tobel, wo die Straße dann auch zu Ende ist.

Ich steige aus dem Wagen, Fleischi muss dringend pinkeln.

„Gut, geh du pinkeln und ich schaue mir den Hof an."

Er scheint irgendwie verlassen zu sein, ist mein Eindruck. Milchwirtschaft, ich höre Kühe, also muss jemand hier sein. Ich laufe in den Hof und bemerke ein Drahtseil mitten durch den Hof gespannt. Ich stehe zehn Meter vor dem Haupthaus und sehe immer noch niemanden, ich fange an zu rufen: „Hallloooo, ist hier jemand? Polizei! Deutelmosser mein Name!"

In diesem Moment sehe ich, wie ein Schäferhund aus der Hundehütte kommt, auf mich zuläuft, bellt und mir die Zähne zeigt. Oh, nicht gut, denke ich, nichts wie weg hier. Ich fange an zu rennen Richtung Auto, nur wenige Meter vom Auto erwischt mich der Hund zweimal am Arsch. Der Hund wird jäh gestoppt und zurückgerissen durch das Ende der Laufkette, das an dem Halsband befestigt ist.

Ich schreie: „Fleischi, Vorsicht, Hund!"

Ich drehe mich um, zücke meine Walter und schieße einmal in die Luft und neben den Schäferhund, der zieht seinen Schwanz ein und läuft in die Hundehütte zurück.

Fleischi kommt angerannt mit offener Hose. „Was ist los, Karle?“

„Was soll denn schon los sein? Der Schäferhund hat mich in den Arsch gebissen!“

„Lass sehen. Oh ja, das sieht übel aus, und die Hose ist am Arsch.“

Na bravo, denke ich. Ich muss mir wieder eine neue kaufen, so viel Pech kann doch keiner haben. Jetzt merke ich, wie der Schmerz einsetzt. Oha, das brennt ja wie Feuer. Ich fange an zu fluchen, bin echt so was von angepisst.

Der Fleischi schreit mich an: „Du, Karle, da ist einer mit einem Gewehr vor dem Haus, volle Deckung!“ Er wirft sich auf den Boden wie beim Bund, bei Granateneinschlag. Ich gehe hinter den Taunus und rufe: „Hier ist die Polizei, lassen Sie die Waffe fallen und gehen Sie bitte zum Haus zurück!“

Ich wiederhole meine Forderung, ich sehe, wie Fleischi am Boden liegt und sich die Ohren zuhält. Ich denke, erwartet der Artilleriebeschuss, oder was? Der Mann legt die Waffe auf den Boden und geht zum Haus zurück. Ich stehe auf, tippe Fleischi mit meinem Fuß an und sage zu ihm: „Kannst aufstehen wir haben den Krieg gewonnen. Du bist mir ja eine große Hilfe, unglaublich. Also hoch mit dir.“

Wir laufen zu der Waffe, ich hebe sie auf und gebe sie Fleischi. Ich rufe abermals: „Wir sind von der Polizei, ich bin Kommissar Deutelmosser, das ist mein Kollege Fleischhauer. Pfeifen Sie Ihren Hund zurück!“

Der Mann schreit: „Walter, bei Fuß.“

„So, können wir jetzt in Ruhe reden?“

„Ja, klar.“

Der Mann dürfte um die 60 sein, graues Haar, Bart und stinkt wie ein Iltis, der typische Bauer.

Ich frage nach dem Namen.

„Mein Name ist Tauer.“

„Also, Herr Tauer, und halten Sie Ihren Hund bitte zurück.“

„Der tut Ihnen nichts, wenn ich dabei bin. Hat er Sie erwischt?“

„Ja, zwei Mal am Arsch.“

„Das tut mir leid. Letzte Woche den Briefträger, heute ein Polizist.“ Er lächelt.

„Ich finde es nicht lustig.“

„Haben Sie das Schild nicht gesehen? Warnung vor dem Hunde!“

„Nein, haben wir nicht.“

„Ah, dann hat es der Milchlaster wahrscheinlich umgefahren“, bekomme ich zur Antwort.

„Aber ich habe es gesehen, Karle, vorhin beim Pieseln. Ich habe gedacht, ich piesle erst fertig und dann sage ich es dir.“

„Echt jetzt, im Ernst, Fleischi? Ist das jetzt dein voller Ernst?“ Ich drehe gleich durch hier.

Der Herr Tauer zieht ein fettes Grinsen in sein Gesicht und sagt, „mich trifft keine Schuld“.

Ganz ruhig, ganz geschmeidig, denke ich.

„Also, Herr Tauer Sie haben doch zehn dieser Stricke bei der Firma Rubel gekauft?“ Ich hole die Fotos aus der Akte.

„Ja, das ist richtig, zehn Stück.“

„Und haben Sie die alle noch?“

„Ja, klar, ich gehe sie kurz holen, einen Moment bitte.“

Jetzt merke ich, wie der Schmerz einsetzt.

„Und? Tuts weh, Karle?“

„Nee, Fleischi, ich tue nur so.“

Da kommt auch schon der Herr Tauer wieder mit den Kälberstricken, es sind insgesamt zehn Stück.

„Gut, Herr Tauer, haben Sie diesen Herrn schonmal gesehen?“ Ich ziehe das Foto von unserem Toten aus der Akte.

„Nein, noch nie gesehen. Ich gehe auch nie in die Stadt. Zweimal im Jahr vielleicht.“

„Und wo waren Sie am 5. April zwischen 3 und 4 Uhr morgens?“

„Im Bett, schlafen natürlich, ich muss um Fünfe in den Stall“, bekomme ich zur Antwort.

„Gut, das sollte es gewesen sein, Herr Tauer. Und stellen Sie Ihr Schild wieder auf!“

„Und Sie sollten sich eine andere Hose besorgen und zum Arzt gehen, sieht nicht gut aus.“ Ich höre noch, wie er seinen Hund lobt. „Das hast du fein gemacht, Walter, ein feiner Hund bist du. Jetzt gibts was Extrafeines zum Fressen.“

Ich denke, was für ein Mensch nennt seinen Hund Walter, tztz.

Ich setze mich ins Auto, schreie vor Schmerzen, steige gleich wieder aus und lege mich hinten auf den Bauch.

„Ist es so besser, Karle?"

„Ja, auf jeden Fall", gebe ich zur Antwort.

„Und was machen wir jetzt?"

„Du fährst mich ins Städtische Krankenhaus und anschließend fährst du zu mir nach Hause und holst meinen Trainingsanzug, der liegt im Schlafzimmer, und anschließend kommst du wieder zu mir zurück. Hier sind die Schlüssel."

„Ja, mache ich."

„Du kannst losfahren, aber ganz langsam, Fleischi, verstanden? Ach ja, was sollte das eigentlich gerade eben, das sich auf den Boden werfen?"

„Mei Alte hat gemeint, wenn es brenzlig wird mit dir, soll ich mich auf den Boden werfen."

„Ja war echt filmreif von dir, echt klasse."

Fleischi fährt direkt vor das Krankenhaus. Ich steige aus, direkt in die Notaufnahme, natürlich an allen vorbei, und habe dabei das Gefühl, mir glotzen alle auf meinen Arsch, und laufe direkt General Haubentaucher in die Arme.

„Hallo Schwester Kreszentia, mir ist ein kleines Mischgeschick passiert."

„Sie schon wieder, Herr Kommissar, wollen Sie nicht gleich ein Zimmer hier mieten?"

Ich lächle mit schmerzverzerrtem Blick.

„Was ist es denn dieses Mal?"

„Schäferhund am Hintern."

„Umdrehen, oha, ja das muss desinfiziert werden. Gehen Sie bitte darein, Sie kennen das ja schon alles. Ausziehen, Kittel anziehen, Frau Doktor kommt gleich!"

„Danke, Schwester." Oha, eine Frau Doktor, das ist selten, denke ich. Ich befolge also die Anweisungen von General Haubentaucher und warte auf Frau Doktor, im Stehen.

Nach 20 Minuten betreten eine Frau um die 30 Jahre, blonde Haare, echt eine hübsche Frau, und natürlich der Haubentaucher den Raum.

„Grüß Gott, ich bin Frau Doktor Schmidt."

„Kommissar Deutelmosser", stelle ich mich vor.

Schwester Kreszentia meldet sich zu Wort: „Er ist hier Stammgast bei uns, Tetanus hat er erst bekommen."

„Frau Doktor erst hat mir einer die Nase gebrochen, dann ein Messerangriff, und jetzt Hund am Hintern." Ich lächle verlegen.

„Sie leben gefährlich, Herr Deutelmosser. Dann legen Sie sich mal auf den Bauch. Wir werden die Wunde ausspülen, desinfizieren und vielleicht nähen. Und wir werden den Verband an Ihrem Arm erneuern. Und danach werde ich Sie krankschreiben, Herr Deutelmosser."

„Nein, danke, Frau Doktor, krankschreiben geht nicht, ich muss einen Mörder fassen."

„Ja, wenn Sie so weitermachen, dann landen Sie in der Pathologie."

„Na, mit Wagner-Musik in der Pathologie zu liegen ist nicht das Schlechteste."

„Sie kennen Dr. Köster?"

„Ja, klar, der Georg ist ein guter Freund von mir, ich wollte eigentlich dieses Wochenende mit ihm nach Bayreuth, aber das kann ich mir jetzt abschminken, kann ja nicht sitzen."

„Sie hören Wagner? Ich dachte, Sie hören eher Beatles, Kiss oder Queen."

„Auch das höre ich gerne, Frau Doktor."

„So, dann fangen wir mal an. Das könnte jetzt wehtun, Herr Deutelmosser."

Nach 20 Minuten ist alles vorbei, das waren vielleicht Schmerzen. Ich frage die Schwester, ob der dicke Polizist vom letzten Mal draußen steht. „Wenn ja, dann schicken sie ihn rein."

Nach fünf Minuten kommt der Fleischi herein.

„Und wie war es, Karle?"

„Frag nicht, Fleischi, das waren Schmerzen, kann ich dir sagen! Das einzige Positive war, dass eine Frau Doktor an meinen Hintern rumgefummelt hat und natürlich General Haubentaucher."

„Echt jetzt? Die Blonde, die vorher herausgekommen ist?“

„Ja, die Blonde, Fleischi, echt ein flotter Feger. Die kennt unseren Wagner-Georg.“

„Und siehst du sie wieder?“

„Ich habe jetzt echt andere Sorgen, als an den Rockzipfel zu denken, weil mir brennt mein Arsch, verstanden, Fleischi? Und wenn der Fall so weiterläuft wie bisher, mein Lieber, dann sehe ich sie ganz bestimmt wieder. Die meinten, ich solle mir hier ein Zimmer nehmen.“

„Echt jetzt, Karle? Aber du wohnst am Sankt Christina Hang! Was willst du mit einem Zimmer hier?“

„Oh Mann, Fleischi, manchmal frage ich mich schon, ob wir in einer Klasse zusammen waren. Du hast bestimmt Hunger, stimmts?“

„Ja, mit Hunger kann ich nicht klar denken.“

„Dachte ich mir schon, gib mir jetzt meinen Trainingsanzug.“ Ich ziehe mich an, was mir echt schwerfällt vor lauter Schmerzen. „So, jetzt fährst du mich nach Hause, habe für heute die Schnauze voll. Und morgen früh um 8 Uhr holst du mich wieder ab.“

Ich bin doch nicht dein Taxi! Wilsch it lieber dahoim bleibe?“

„Nein, ich muss einen Mord aufklären und, ja, ich weiß, dass du kein Taxi bist! Aber mein Freund und Kollege!“

„Gut dann fahre i die jetzt hoim."

Wir laufen zu unserem Dienstwagen und ich lege mich auf den Bauch auf den Rücksitz. Ich verabschiede mich von Fleischi. „Dann bis morgen früh um 8 Uhr."

„Bis morgen, Karle."

Zu Hause angekommen hole ich mir ein Bier aus dem Kühlschrank und nehme zwei Schmerztabletten, jede Bewegung tut weh. Scheißtöle, denke ich, was für ein Tag, echt unglaublich. Ich ziehe mich aus und lege mich nackt in mein Bett, so ist es am bequemsten.

Um 6 Uhr morgens werde ich von meiner Katze geweckt. Sie und turnt auf mir herum, natürlich auch auf meinem Hintern, was Schmerzen verursacht. Ich stehe auf und gebe Carlos was zu fressen. Nachdem ich mir einen Kaffee gemacht und mich gewaschen und meinen Trainingsanzug angezogen habe, warte ich auf Fleischi. Er ist pünktlich vor meiner Haustüre.

„Guten Morgen, Fleischi, was hast du denn da unter dem Arm?"

„Ach ja, einen schönen Gruß von meiner Frau. Mit dem Schwimmring solltest du sitzen können."

„Aha, laufe also die ganze Zeit mit einem gelben Schwimmring durch die Gegend oder wie?"

„Kannst es ja mal probieren oder willst du den ganzen Tag stehen?"

Ich Überlege. „Wenn ich dabei weniger Schmerzen habe, warum nicht? Also gibt schon her, das Teil.“ Ich lege den Schwimmring auf den Beifahrersitz und setze mich ganz vorsichtig auf den Ring.

„Und wie ist es, Karle?“

„Ja, es geht tatsächlich.“

„Und wohin geht es nun?“

„Erst mal bei Roswitha vorbei, meine Hemden abholen. Du weißt, wo Rosi ihre Nähstube hat?“

„Ja, klar.“

„Und suche nicht lange einen Parkplatz, parke direkt vor der Türe. Keine Lust, lange durch die Gegend zu latschen.“

„Geht klar“, bekomme ich zur Antwort.

Wir parken direkt vor Rosis Nähstube. Zur Rosi sei erwähnt, sie ist eine absolute Flower-Power-Frau und raucht ab und an auch mal eine Tüte Marihuana.

Ich betrete also den Laden, Rosi ist am telefonieren, sie zeigt auf meine Hemden, die verpackt sind in Packpapier. Es liegen noch andere Päckchen daneben, sie winkt, dass alles okay ist. Ich lege ihr 10 DM auf den Tisch, sie zeigt mit dem Daumen nach oben und telefoniert weiter. Ich werfe ihr einen Kuss zu und steige wieder zu Fleischi ins Auto.

„Also jetzt ins Präsidium, Fleischi.“ Ich lege das Päckchen auf den Rücksitz.

Im Präsidium angekommen, beginnt das Spießrutenlaufen, immer wieder höre ich, wie einer „Wau,

Wau“ ruf und Hundegeheul ist auch dabei. Der Rudi fragt mich, ob ich heute noch schwimmen gehen will und wo meine Quietscheente ist. Ich denke mir, alles Idioten, so ist das eben, du wirst durch den Kakao gezogen.

Ich setze mich auf meinen Schwimmring und mache meine Berichte, nach zehn Minuten betritt der Chef mein Büro.

„Guten Morgen, Herr Deutelmosser, Sie machen vielleicht Sachen. Schon wieder Schusswaffengebrauch. Können Sie nicht ein wenig vorsichtiger sein? Es gibt ja fast kein Körperteil, das bei diesen Ermittlungen nicht betroffen ist, am Schluss landen Sie bei Dr. Köster auf dem Tisch. Und warum haben Sie Ihren Polizeitrainingsanzug an? Haben Sie keine anständige Kleidung mehr? Sie machen mich echt fertig.“ Er wischt sich den Schweiß von der Stirn. „Und diesmal ist es Ihr Hintern?“

„Ja, genau, wollen Sie mal sehen, Chef?“

„Sind Sie närrisch, Deutelmosser? Ich will doch nicht Ihren Allerwertesten sehen. Und? Können Sie arbeiten?“

„Ich sitze auf einem Schwimmring, so kann ich arbeiten oder soll ich mich krankschreiben lassen, Chef?“

„Nee, Nee, Deutelmosser, ich wüsste keinen, der das hier übernehmen könnte. Sie bleiben da dran, ist ja bisher ein voller Erfolg, auch was die anderen

Ermittlungen angeht. Und halten Sie Ihren Hintern aus der Schusslinie, verstanden?“

„Ja, klar, Chef.“

Und weg ist er.

Da klingelt das Telefon und Frau Müller aus Wolpertswende ist dran und berichtet mir, dass es neue Informationen von den Maiers gibt. Ich frage, was das für Informationen sind.

„Das würde ich Ihnen lieber persönlich mitteilen.“

Bloß das nicht, denke ich.

„Heute Mittag, 15 Uhr, es gibt Prinz-Regenten-Torte?“

Mmh … lecker, denke ich. Ach ja, warum nicht.

„Gut, einverstanden, Frau Müller, bis heute Mittag.“

Ich denke noch an das letzte Mal, als meine Oberschenkel geglüht haben. Wird schon schief gehen. Aber vorher schaue ich mir den Hof der Familie Siebert an, der ist in der Weststadt, die waren auch auf der Liste. Auf zu Fleischi, ich nehme meinen gelben Schwimmring mit und wackle zu Fleischis Schreibtisch. Der ist gerade fertig mit Mittagessen.

„Und was gab es heute, mein lieber Fleischi?“

„Heute gab es sauren Käse mit Zwiebeln zum Mittag, der war von gestern Abend übrig, von meiner Frau.“

„Ah, Gott sei Dank! I hab schon denkt, du hasch vergessen, deine Füße zu wäschen! Weil es hier so komisch riecht.“

„Sehr lustig, Karle, immer wieder sehr lustig bist du“, bekomme ich zur Antwort.

„Auf, Fleischi, Außendienst jetzt.“

„Ach was, jetzt? Wollte jetzt erstmal meinen Käse setzen lassen, weil der überreif war, der hatte schon Füße.“ Und er grinst dabei über beide Backen.

„Hast du Lust auf Prinz-Regenten-Torte in Wolpertswende und dazu Kaffee?“

„Bei Frau Müller, die vom letzten Mal, wo es Schwarzwälder gab?“

„Ja, genau die, Fleischi.“

„Ja, da bin ich dabei. Sie hat neue Informationen für uns, aber vorher fahren wir noch in die Weststadt und überprüfen einen weiteren Hof auf unsrer Liste von der Firma Rubel.“

„Gut, dann auf gehts. Soll ich dir helfen aufstehen, Karle?“, fragt er grinsend.

„Nein, nein, das geht noch, Fleischi, aber willst meinen Schwimmring tragen?“

„Nee, lass gut sein, meinem Arsch geht es gut.“

Überraschend redselig ist Fleischi heute, denke ich mir. Wahrscheinlich, weil er satt ist.

Also gehen wir zu unserem froschgrünen Ford Taunus, also Fleischi geht, ich wackle eher wie eine Ente. Ich lege meinen Schwimmring auf meinen Sitz und beim Einsteigen merke ich, dass ja noch das Paket von meinen Hemden auf dem Rücksitz liegt. Ich hole es nach vorne und setze mich.

„Du kannst losfahren, Fleischi.“

Ich erkläre Fleischi den Weg. Während der Fahrt Öffne ich das Paket mit meinen Hemden, aber da sind keine Hemden drin, sondern lange Hosen und Unterhosen, eher was für eine Frau und dazu noch eine Tüte. Ich öffne die Tüte und finde darin Kekse und ich weiß auch, was für Kekse sind.

„Du, Karle, ist da was zum Essen drin?“

„Ja, Kekse, aber nichts für dich, Finger weg davon. Da hat mir wohl die Rosi das falsche Paket mitgegeben. Ich muss das Rosi zurückbringen.“

[Kapitel 4] – Schmetterling

Wir sind an dem Hof in der Weststadt angekommen, ein Riesenschild steht am Eingang: *Hier baut die Stadt Ravensburg Mehrfamilienhäuser.* Und daneben ein weiters Schild: *H&H Immobilien, wir verkaufen Eigentumswohnungen und Einfamilienhäuser.*

„Also, ich werde mich umschauen, du wartest hier!"

„Ja, klar Karle."

Ich schäle mich aus dem Auto, schaue mich um und rufe: „Hallo, ist hier jemand?" Denn ich mag keine Überraschungen, Hund etc. Es ist echt ein Riesenhof, eher ein Gutshof. Die Eingangstüre vom Gutshaus ist verschlossen, es gibt dort auch keine Möbel, wie ich durch das Fenster sehen kann. Ich laufe zu dem Wirtschaftsgebäude. Auch da ist alles verschlossen. Ich finde das hochinteressant und merkwürdig. Ich laufe hinter das Gebäude und sehe riesige Ackerflächen. Da vorne sehe ich jemanden mit einem Hund laufen, ich laufe dem Herrn entgegen und rufe: „Hallo, ich habe da ein paar Fragen."

Der Hund ist an der Leine. Gott sei dank, denke ich, ich bin jetzt wenige Meter von dem Herrn entfernt. „Hallo mein Name ist Deutel..." Bevor ich meinen Satz zuende sprechen kann, ruft er: „Ich brauche nix, ich han alles."

„Sie verstehen mich falsch. Ich bin von der Polizei.“

„Sie sind Polizist?“

„Ja, ich bin Polizist! Hier ist meine Marke und hier mein Ausweis und hier meine Pistole.“ Ich denke, schon wieder so ein Ignorant.

„So einer wie Sie ist Polizist, das wird ja immer schöner!“

„Würden Sie mir ein Fragen beantworten?“

„Wie war Ihr Name noch mal?“

„Kommissar Deutelmosser ist mein Name.“

„Ich habe einen Franz Deutelmosser gekannt, der ging mit mir in die Schule.“

„Ja, ist ein Vetter von mir“, gebe ich zur Antwort.

„Der sieht aber ganz anders aus als Sie.“

„Ja, ich weiß. Beißt der Hund?“, will ich wissen. Und schon schmerzt mein Hintern.

„Nein, meine Polli ist harmlos!“

„Würden Sie mir jetzt ein paar Fragen beantworten?“

„Ja, klar, aber nur weil Sie Deutelmosser heißen.“

„Da bin ich aber froh!“, gebe ich Ironisch zu verstehen. „Können Sie sagen, seit wann der Hof nicht bewirtschaftet wird?“

„Also, ich denke, zehn Jahre. Zum Schluss hat nur noch die Frau Siebert darin gewohnt, eine ganz nette Frau. Sie ist vor einem Jahr gestorben, jetzt ist das alles hier verkauft worden. 50 Hektar, da hat einer ein Riesengeschäft gemacht, das geht in die Millionen."

„Und wer hat das alles geerbt?"

„Ist wohl eine Erbengemeinschaft."

„Danke für die Informationen Und ich wünsche Ihnen einen schönen Tag."

Beim Zurücklaufen überlege ich, das gibt völlig neue Ermittlungsansätze. Ich steige ins Auto und setzte mich auf meinen Schwimmring. „Und, Fleischi, alles gut bei dir?"

Er grinst wie ein Honigkuchenpferd, der hört gar nicht mehr auf zu grinsen. „Ouiiiiiiiii, ich bin ein Schmetterling. Oh, mein süßer Karle, du hast so schöne Haare, ist das Zuckerwatte? Ich will probieren, er beugt sich zu mir rüber und leckt an meinen Haaren."

„Mann, Fleischi, du hast die Kekse gegessen?" Ich stoße ihn zurück.

„Ja, die waren lecker."

„Etwa alle?"

„Ja, ratzeputz, alles weg, die waren lecker!"

„Wirklich alle?", frage ich ihn erneut.

„Ja, alles weg!"

„Oh … Mann, Fleischi, das waren Haschkekse. Davon isst man vielleicht einen aber doch nicht fünf Stück, verdammte Scheiße. Das gibt Ärger. Los, aussteigen, Fleischi, ich fahre."

Er steigt aus, läuft über den Hof und ruft die ganze Zeit: „Ich bin ein Schmetterling, Schmetterling" und rudert dabei mit den Armen. Sieht echt krass aus, die 140 kg in Bewegung, und er meint, er sei ein Schmetterling und sein Ranzen schaut dabei heraus. Ich steige aus, fange ihn ein und setze ihn auf den Beifahrersitz.

„Du, Karle, du hast rosa Zuckerwatte auf dem Kopf, ich will probieren."

„Nein jetzt nicht."

Jetzt geht auch noch der Funk: „Wagen 17, bitte melden." Ich nehme den Hörer: „Ja, hier Wagen 17, Deutelmosser."

Oha der Chef ist dran, und der Fleischi ruft die ganze Zeit: „Ich bin ein Schmetterling. Ouiiiiiiiiiiiii."

„Ja, Chef, kommen?"

„Würden Sie heute noch in mein Büro kommen?"

„Verstanden, werde heute noch im Büro erscheinen! Ende."

Und schon ist der Fleischi wieder aus dem Auto ausgestiegen. „Ouiiiiiiiiiiiii, ich bin ein Schmetterling."

Ich fange ihn abermals ein, aber vorher nehme ich noch meinen Schwimmring vom Beifahrersitz und lege ihn auf den Fahrersitz. „Du, Karle, du bist so rosa, ich will Zuckerwatte. Ich habe Durst, Karle."

„So, Fleischi, wir fahren jetzt zu Georg, vielleicht kann der uns helfen."

Also mit vollem Tatütata und Blaulicht in die Pathologie. Unterwegs fängt er die ganze Zeit zu jammern an, dass er Durst hat, und er möchte was zu essen.

In den Wagner-Hallen angekommen: „Los, Fleischi, aussteigen, wir gehen jetzt zu Georg."

Wir laufen in die Pathologie. Heute hallt Tristan und Isolde durch die Hallen.

Wir betreten den Sezierraum. „Hallo, Georg!"

„Ja, schau an! Der arschkranke Karle und der liebe Fleischi, was kann ich für euch tun?"

„Ouiiiiiiiiiiiii, ich bin ein Schmetterling", fängt der Fleischi schon wieder an, rast durch den Raum und Rudert mit den Armen.

„Das ist mein Problem, lieber Georg. Der hat Haschkekse gefuttert." Ich erzähle ihm die ganze Geschichte mit dem Paket usw.

Fleischi rückt dem Georg auf die Pelle. „Hast du was zu essen. Die Zuckerwatte von Karles Kopf schmeckt nicht! Die Watte ist bäh …"

„Ja, ich habe noch Vanillepudding, einen Augenblick." Er geht in sein Büro und kommt mit einem Topf und Löffel wieder und gibt sie Fleischi

Dieser fängt sofort an zu essen.

„Und was kann ich jetzt tun, Georg?"

„Viel trinken sollte er und Süßes essen für den Blutzuckerspiegel!"

„Danke, Georg."

„Bitte, mein lieber arschkranker Karle."

„Also, dafür kann ich echt nichts, dass sich ein Hund in meinen Arsch verbissen hat und dass du ohne mich nach Bayreuth fährst, das tut mir echt leid!„

„Ich habe gehört, dein neuer bester Freund ist ein gelber Schwimmring?"

„Ja, stimmt, ohne den geht gar nichts. Komm jetzt aber nicht auf die Idee, dass ich mit dem Schwimmring durch die Opernhallen laufe, das kannst vergessen. Ich pfeife schon aus dem letzten Loch, mein lieber Georg, ich muss jetzt endlich den Fall abschließen! Dann mache ich einen Monat frei, dann können wir gerne zusammen essen gehen in so ein komisches Restaurant, wo es so Lumpengruscht gibt Einverstanden?"

„Ja, ist schon ok, Karle, und du siehst echt nicht gut aus! Pass echt auf dich auf!"

„Ja, mache ich! Und was mache ich mit meinem 140-kg-Schmetterling?"

„Viel Trinken und Süßes wäre gut und du solltest ihn nicht aus den Augen lassen."

„Und wie lange geht der Zustand jetzt so?"

„In drei bis vier Stunden sollte der Rausch vorbei sein. Jetzt geben wir dem Schmetterling was zu trinken. So, Fleischi kommt jetzt mal ans Waschbecken." Georg bringt uns ein Glas und wir flößen ihm vier Gläser Wasser ein.

„Georg, hast du noch Pudding?", fragt Fleischi. „Ich bin ein Schmetterling, ouiiiiiiiiiiii." Er rennt durch den Raum.

Georg gibt mir noch Aspirin mit, ich fange Fleischi wieder ein und wir verabschieden uns von Georg.

„Lass das Gewedel mit den Armen, Fleischi, das nervt jetzt echt!“

„Aber ich bin doch ein Schmetterling, Karle.“

„Ja, einer mit 140 kg.“

Wir steigen ins Auto und ich überlege, wie ich jetzt drei bis vier stunden überbrücke. Ins Büro gehts auf keinen Fall und zu ihm nach Hause gehts auch nicht, seine Frau lässt ihn nie wieder aus dem Haus. Wir sind ja noch zum Kaffeetrinken bei Frau Müller eingeladen. Das wäre perfekt, was zu trinken und Süßes und Zeit überbrücken! Auf nach Wolpertswende.

In Wolpertswende angekommen: „Also, Fleischi, bevor wir jetzt da reingehen, du lässt das jetzt mit dem Schmetterling, auch das Ouiiiiiiiiiii, auch keinen anderen Blödsinn, verstanden?“

„Ja, ok, Karle! Du hast so schöne Haare! Gibt es da drinnen Kuchen?“

„Nicht nur Kuchen, Fleischi. Prinz-Regenten-Torte, aber benimm dich. So gibt es nichts, verstanden?“, gebe ich ihm zu verstehen.

„Ich mag jetzt Torte, Torte, Torte!“, ruft er die ganze Zeit und wackelt hin und her.

Daisy fängt an zu schaukeln. „Du sollst den Blödsinn lassen, Fleischi.“ Ich denke, hoffentlich geht das gut.

Wir steigen aus. Ich nehme meinen Ring mit und klingle an der Türe. Und die Türe wird sofort geöffnet, als ob Frau Müller dahinter gewartet hätte.

„Guten Tag, Frau Müller.“

„Guten Tag, Herr Deutelmosser.“

Heute hat sie sich besonders schick gemacht, eine Parfümwolke schwebt mir entgegen.

„Schön, dass es die Herren einrichten konnten.“

Fleischi sagt: „Ich will Torte, Torte und läuft Richtung Wohnzimmer an uns vorbei.“

Sie schaut ein wenig irritiert. „Ähmm, geht‘s Ihrem Kollegen gut, Herr Kommissar?“ Sie hält dabei meine Hand und schaut mich mit schmachtvollem Blick an.

„Ja, dem geht es so weit gut, der hat nur Heißhunger auf Ihre Torte.“

„Ja, das ist ja schön“, gibt sie zu verstehen. Sie hält immer noch meine Hand. Ich denke, worauf habe ich mich da eingelassen, muss jetzt an zwei Fronten kämpfen: dass Frau Müller mir nicht die Kleider vom Leib reißt und Fleischi nicht zur Monsterraupe mutiert.

„Gehen Sie doch auch schon ins Wohnzimmer, ich bringe gleich den Kaffee, mein lieber Herr Kommissar.“ Sie wirf mir einen Kuss zu und ich denke, oha in was für einem Albtraum bin ich hier?

Ich komme ins Wohnzimmer und sehe, wie Fleischi die Torte angeschnitten hat, im Verhältnis 1/3 für uns und 2/3 für ihn. Er isst direkt von der Kuchenplatte herunter, ich rufe leise zu Fleischi: „Bist du irre oder was? Das kannst du nicht machen!"

Ich will ihm die Platte wegnehmen, er fängt an zu knurren wie ein Bär. „Ist ja schon gut, Fleischi, feines Fresschen für dich." Der ist wie von Sinnen.

Ach da kommt ja schon unsere Gastgeberin mit dem Kaffee. „Äh … Ihr Kollege hat ja einen gewaltigen Appetit, Herr Kommissar!"

„Ja, hat er, Frau Müller." Ich denke, sie ist leicht geschockt.

„Was haben Sie denn da für einen Schwimmring, Herr Kommissar?"

„Ich habe eine Verletzung an meinem Hinterteil, ein Hund hat mich in den Hintern gebissen. Mit dem Ring kann ich sitzen ohne Schmerzen."

„Ach, Sie Ärmster. Haben Sie Schmerzen, Herr Kommissar?"

„Ja, manchmal."

Sie schenkt uns ein und schaut immer wieder irritierend auf Fleischi. Er hat sich in seinem Kaffee Milch eingeschenkt und vier Stück Zucker, trinkt es in einem Zug und verlangt, die Tasse vollzumachen. Das Ganze macht der Fleischi viermal.

„Ihrem Kollegen geht's auch wirklich gut, Herr Kommissar? Ähm, er ist ein wenig komisch, wenn ich das so sagen darf."

„Ja, ja, dem geht es gut, der hat gerade einen Fressrausch. Wenn er satt ist, dann wird er wieder normal."

„Das ist ja beruhigend zu wissen, Herr Kommissar, und das ist nicht irgendwie ansteckend?"

„Nein, völlig harmlos! Ist eine Erbkrankheit, Sie müssen keine Angst haben, Frau Müller. Oh, der Kaffee ist ja leer! Ich komme mit und helfe Ihnen."

„Das finde ich aber nett von Ihnen."

Ich begleite sie in die Küche und denke, so kann ich sie besser ausfragen, was für Informationen sie für mich hat, und muss den Anblick von Fleischi nicht ertragen, wie er die Torte vernichtet.

In der Küche fängt sie an, frischen Kaffee zu machen, und fängt dabei an zu reden: „So, mein lieber Herr Kommissar, hier in der Küche sind wir ungestörter." Mir schwant Böses, ich habe das nicht zu Ende gedacht, verdammter Mist! Sie umgarnt mich wie eine Spinne, mir wird ganz anders.

„Frau Müller, ich bin eigentlich nur hier, um die Informationen zu bekommen, die Sie für mich haben." Mein Ton wird ein wenig lauter.

Sie verzieht ihr Gesicht, als hätte sie in eine Zitrone gebissen. „Ich gebe Ihnen die Informationen, wenn Sie mit mir tanzen gehen, Herr Kommissar. Ins Take Five in Ravensburg."

„Ist das vielleicht eine kleine Erpressung, Frau Müller?"

„Ja, das mag jetzt vielleicht so aussehen, Herr Kommissar, aber Sie gefallen mir und Sie sind immer so schüchtern. Also, gehen Sie mit mir tanzen?“

Ich überlege: Ich gehe einfach nicht ans Telefon und schließe mich ein. So mache ich das, denn ich brauche diese Information. „Gut, einverstanden, Frau Müller.“

Sie strahlt über beide Backen und sagt: „Sie machen mich zum glücklichsten Menschen der Welt. Ich bin die Simone.“

„Ich bin der Karle.“

Sie fällt mir um den Hals und gibt mir einen Kuss auf die Backe.

In diesem Moment kommt Fleischi herein und fragt, ob es noch Kaffee gibt und ob wir unseren Kuchen noch wollen.

„Nein, meinen kannst du haben, Fleischi.“

„Und meinen auch“, kommt von Simone.

„So, jetzt, Simone: Was hast du für Informationen für mich?“

„Ich gieße zurzeit jeden Tag die Blumen und schaue nach der Post bei den Seifrieds. Die wohnen gegenüber vom Pfarrhaus. Und aus dem Küchenfenster habe ich praktisch einen Panoramablick auf das Pfarrhaus. Vor zwei Tagen stand hier vor dem Haus ein Porsche mit Stuttgarter Nummer. Und da war ein Mann um die 30, blond, groß, mit Sonnenbrille, obwohl gar keine Sonne da war, und der hat sich mit dem Pfarrer unterhalten.“

„Ahhh, interessant.“

„Das dachte ich mir auch, Karle. Du musst wissen, ich habe eine gehörlose Schwester und ich kann Gebärdensprache und Lippenlesen!“

„Echt? Das kannst du, Simone? Ist ja klasse.“

„Ich bin zwar schon ein wenig eingerostet, lieber Karle, aber einige Wortfetzen konnte ich lesen.“

„Und was?“

„Also, die Wörter Bank und Konto, Geld, Grund waren dabei, ich bin mir da sehr sicher. Und fünf Minuten haben sie sich unterhalten.“

„Und konntest du das Nummernschild lesen vom dem Porsche?“

„Nein, leider nicht.“

„Das hilft mir echt weiter, liebe Simone.“

Sie schaut mich schmachtvollem Blick an. „Für dich immer, Karle.“

Oh mein Gott, denke ich. „Ist eigentlich der Pfarrer da? Der Sack hat mich nicht angerufen.“

„Nein, der ist auf Wallfahrt mit dem Kirchenchor, kommt am Freitag wieder.“

„Wie bekomme ich am besten einen Termin beim Pfarrer?“

„Also, am besten gehst du am Samstagmittag zur Beichte.“

„Das ist eine sehr gute Idee, da muss er mir meine Fragen beantworten. So, wollen wir mal wieder zu unserer Fressmaschine schauen?“

„Ja gerne, mein lieber Karle.“

Oha, der Blick. Himmel hilf, denke ich mir.

Wir kommen ins Wohnzimmer und sehen das Schlachtfeld. Alles voller Kuchenkrümel und Fleischi liegt auf dem Sofa und schläft. Er hat fast die ganze Torte vernichtet. Ich wecke ihn auf, er schreckt hoch, schaut mich und Simone entgeistert an. „Stell dir vor, Karle, ich hatte einen furchtbaren Traum. Ich habe von einem Monsterschmetterling geträumt, der einen riesigen Kuchen isst. Ich habe wahnsinnige Kopfschmerzen."

„Ich habe Aspirin für dich. Simone, würdest du mir ein Glas Wasser holen?"

„Ja, klar, mein Süßer." Sie geht in die Küche.

„Hat die gerade süßer zu dir gesagt? Habe ich hier was verpasst? Los, sag schon, Karle, was ist hier los?"

„Das erkläre ich dir im Auto. Wir sollten jetzt gehen, es ist schon 17 Uhr und der Chef verlangt dringend unsere Anwesenheit."

„Was? So spät schon?"

Simone kommt mit dem Glas Wasser zurück.

„So, Fleischi, hier was gegen deine Kopfschmerzen."

Er nimmt die Tabletten und trinkt. Dabei steht Simone neben mir und hält meine Hand. Ich sehe, wie Fleischi beim Trinken mit offenen Augen auf ihre und meine Hand schaut.

„Was läuft hier, träume ich oder was?"

„Karle geht mit mir tanzen ins Take Five.“ Sie schaut mich dabei verliebt an, was mir Unbehagen bereitet.

„Ihr duzt euch? Der Karle und Tanzen, der bewegt sich wie Besenstiel. Der kann nicht tanzen und geht niemals und nicht tanzen.“

„Er hat es mir versprochen. Gell, mein Karle?“

Ich lächle verlegen.

„Ich kenne ihn schon 30 Jahre. Der war noch nie tanzen. Das Einzige, was den interessiert, ist sein Beruf, und das 24 Stunden.“

„Er hat es mir versprochen, gell, Karle?“ Und Simone hält dabei meine Hand noch fester.

„Ja, habe ich.“

Der Fleischi fängt an zu lachen und schreit: „Das glaubt mir keiner!“

„So, können wir jetzt gehen? Wir gehen jetzt, Herr Fleischhauer, das ist eine dienstliche Anweisung.“

„Oha, so förmlich? Du kannst mich mal, Karle.“ Er lacht weiter beim Rausgehen, der kriegt sich fast nicht mehr ein.

Simone gibt mir noch einen Kuss. „Bis dann, mein Süßer.“

„Das toppt alles. Unser Superbulle hat eine Romanze.“

„Habe ich nicht!“

„Doch, hast du!“

„Nein, habe nicht, Fleischi, und Schluss jetzt.“

Wir setzen uns ins Auto und ich überlege, was die Haschkekse mit Fleischi gemacht haben. Haben die einen Schalter umgelegt, der ist ja komplett anders und so redselig.

„Du weißt schon, was du getan hast, Fleischi? Kannst du dich überhaupt noch an was erinnern?"

Ich erzähle ihm alles, das mit den Haschkeksen und das mit dem Schmetterling und dass wir bei Georg waren.

„Also war das kein Traum?", fragt er mich.

„Nein, Realität, mein lieber Fleischi!"

„Du bist schuld."

„Ich? Im Leben nicht. Ich habe dir gesagt, lass die Finger davon, aber nein, der Herr Fleischhauer muss alles in sich hinein futtern wie eine neunköpfige Raupe."

„Ja, wenn ich Hunger habe."

„Wir lassen Rosi aus dem Spiel, verstanden?"

„Nee, nee, Karle dafür musst du bluten."

„Sicher nicht", gebe ich zur Antwort. „Wenn ich meinen Schnabel halten soll, dann kostet dich das was! Ein Jahr lang Leberkäse-Abo, dreimal die Woche."

„Das ist eindeutig zu viel! Einen Monat lang dreimal die Woche."

„Also drei Monate, einmal pro Woche, das ist mein letztes Wort, Karle"

„Ok, einverstanden, du elendiger Viehhändler."

Er grinst über beide Backen hämisch.

„So, jetzt fahre ich dich nach Hause.“

Unterwegs halte ich noch an der einzigen Tankstelle im Umkreis von 10 km. „Was willst du jetzt hier? Der Tank ist doch noch halb voll. Außerdem haben wir unsere eigene Tankstelle.“

Ich erzähle ihm meine neuen Informationen „Vielleicht hat der Vogel ja hier getankt mit seiner Protzkarre.“

„Gute Idee, Karle.“

„Du wartest hier, du Junkie“, sage ich grinsend.

Ich steige also aus und laufe zum Tankhäuschen. Davor stehen zwei Typen mit ihren Motorrädern, der eine Typ kommt zu mir und sagt: „Hey, du Hippie, komm mal her, ich habe gutes Gras für dich.“

Ich denke, ist der Typ irre?.

„Was soll es denn kosten?“

„Ich gebe dir 5 Gramm für 25 Mark.“

„Okay, lass mal sehen.“

Er zieht eine Tüte aus seiner Jackentasche. In diesem Moment greife ich in meine Jackentasche und hole meine Handschellen heraus. Es macht klick und ich verbinde ihn mit dem Motorradlenker und ziehe zeitgleich den Zündschlüssel ab von seiner Karre. Ich laufe um das Motorrad herum, ziehe meine Waffe, halte sie dem anderen Typen an den Kopf, und sage zu ihm: „Kein Furz oder du kannst dir die Radieschen von unten anschauen.“

Ich sehe, wie der Typ aschfahl im Gesicht wird. „Auf den Boden legen, sofort. Fleischi, Fleischi, Handschellen, ich brauche dich sofort!“

Fleischi steigt mit gezogener Waffe aus und legt dem Typen auf dem Boden Handschellen an.

„So, jetzt den hier. Umdrehen und keinen Mucks verstanden!“ Fleischi öffnet die Handschellen vom Motorrad und legt dem anderen auf dem Rücken Handschellen an. Jetzt sehe ich, dass die Typen Kutten anhaben. Motorrad Club Hell‘s Angels steht da drauf.

„Los, ihr zwei Vögel, mitkommen, da auf den Randstein setzen und keinen Mucks.“

Fleischi schreit mich an: „Bist du des Wahnsinns, oder was? Keine fünf Minuten kann ich dich alleine lassen und schon im nächsten Schlamassel. Haben wir nicht genug an der Backe?“

„Der Dürre da wollte mir Drogen verkaufen.“

„Echt jetzt?“

„Ja, echt jetzt, Fleischi.“

„Ja, dann ist ja alles gut.“

Der Dürre schreit den Großen an: „Woher soll ich wissen, dass so einer Polizist ist. Sieht doch aus wie ein Junkie.“ Er tritt dabei den Großen.

Ich laufe zu beiden und schreie sie an: „Ihr beide halltet jetzt die Waffel, ich hatte echt einen scheiß Tag. So, Fleischi, ruf bitte Verstärkung und einen Abschleppdienst.“

Ich schaue mir die Nummernschilder an, eine Stuttgarter Nummer, vielleicht gibt es ja da einen Zusammenhang mit dem Porsche-Typen. Ich frage die zwei: „Was wollt ihr in Oberschwaben?“

„Das geht dich einen Scheiß an, du Drecksbulle.“

„Oha, du bist ja ein ganz Starker“, gebe ich zur Antwort.

„Dein Gesicht merke ich mir, Bulle.“

Nicht aufregen, ganz geschmeidig, denke ich mir. Ich befrage jetzt den Tankstellenwart. Ich betrete den Kassenraum, der leer ist. „Hallo, ist hier jemand?“ Ich laufe hinter die Kasse. Der Wart liegt auf dem Boden und schreit: „Bitte nicht schießen, Sie können das ganze Geld haben. Bitte tun Sie mir nichts.“

„Keine Angst, ich tue Ihnen nichts, ich bin Polizist. Sie können aufstehen.“

Er steht auf und ich sehe ihn mir an. Er hat sich in die Hosen gepinkelt. „Sie sollten sich neue Hosen besorgen und geben Sie mir zwei Bier. Und ich hätte da noch eine Frage: Ist hier vor Tagen ein Porsche vorbeigekommen mit Stuttgarter Nummer?“

„Ja der war schonmal hier!“

„Und was hatte der für eine Nummer?“

„Das ist einfach: S-HH-911.“

„Und kannst du mir den Typen beschreiben?“

„Ein Typ mit Anzug und Krawatte, hatte eine Sonnenbrille auf.“

„Ah danke. Was bekommst du für das Bier?“

„Nichts, geht aufs Haus."

„Danke! Ziehe dir was anderes an, Junge, du riechst streng." Ich gehe nach draußen und gebe Fleischi eine Halbe. „Genau das Richtige", meint dieser.

„Zum Wohl, Fleischi, und zum Wohl, ihr zwei Höllenengel. Du, Fleischi, fällt dir was an unseren Engeln auf?"

„Nee, eigentlich nicht", sagt er und nimmt dabei einen kräftigen Schluck.

„Also, mir schon!"

„Ja, was denn, Karle?"

„Also, der Große da, der hat eine Kutte. Da sind noch zusätzlich Sterne dabei und die Aufschrift ist in Rot, der ist ein Boss oder ein hohes Tier bei denen, außerdem trägt der Vogel eine Waffe im Schulterhalfter. Siehst du die Beule? Früher muss ihm die Jacke mal gepasst haben, er hat ordentlich Gewicht zugelegt, der andere Vogel ist Bote oder Wasserträger, er hat einen Totschläger bei sich und ein Messer."

„Das siehst du alles?"

„Ja, Fleischi!"

„Mein Bier ist leer, Karle. Junge. bringst du uns noch zwei Bier."

„Ja, klar." Der Junge kommt aus dem Kassenraum mit nichts bekleidet als mit einer Schürze, wo „Mamas Liebling" draufsteht. Mich und Fleischi zerreißt es fast vor Lachen.

„Irgendwie surreal, die Szene hier, findest du nicht, Fleischi?“

„Ne i han durscht.“

„Ich auch Fleischi.“ Da sind wir uns mal wieder einig der Fleischi und ich. „Du, Junge, sperr mal die Tankstelle, wir wollen keine Gäste.“

„Ja, mache ich, und darf ich meinen Papa anrufen, dass er mich abholen soll? Ihm gehört die Tankstelle.“

„Ja, klar.“

Nach zehn Minuten sind unsere Kollegen da mit zwei Einsatzwagen. So, ich übernehme das jetzt hier. „Aufpassen, meine werten Kollegen. Also, ihr zwei Vögel aufstehen und da an die Wand stellen! Fleischi, zieh deine Waffe und wenn nur einer einen Mucks macht, schickst ihn über den Jordan.“

Meine Kollegen schauen irritiert.

„Habt ihr die Fußfesseln dabei?“, frage ich. „Herbringen und anlegen und das pronto.“

Ein ganz junger Polizist legt den beiden Fußfesseln an.

„Muss das sein?“, fragt mich einer der Kollegen. „Sind doch nur Motorradfahrer.“

„Warts ab.“ Ich laufe zu dem Großen. „So, Schnuppelchen, ich durchsuche dich jetzt und keine Bewegung, verstanden?“ Ich fasse ihm unter die Achseln und ziehe die Pistole aus dem Halfter. „Oha, schaut mal, Mädels, was wir hier haben: eine 44er-Magnum, was eine Knarre die reinste

Zimmerflagg.“ Ich gebe die Magnum dem jungen Polizisten. „So, jetzt dürft ihr weitermachen.“

Der junge Polizist kommt zu mir und sagt: „Auf der Waffe ist ein Name eingraviert. Mike Sievert forever, steht da.“

„Jungs, wisst ihr, wen wir da haben? Den Chef von den Hells Angel, seit Jahren untergetaucht, gesucht wegen Raub, Mord, Erpressung, Prostitution etc. Der hängt bei uns in der Wache als Strafzettel, gesucht vom LKA.“

Alle Kollegen schauen sich erstaunt an.

„So, wir fahren dann, meine lieben Kollegen, ihr klärt das hier alles noch, bis morgen.“ Ich verabschiede mich noch von Mamas Liebling. „So, Fleischi, auf gehts, ich fahre dich nach Hause.“

„Gute Idee, Karle.“

Ich setze mich auf meinen Ring und fahre los. Ich lade Fleischi zu Hause ab. „Und das mit Simone und Rosis Haschkeksen bleibt unter uns, verstanden.“

„Ja, klar, ich habe ja ein LKW-Abo bei dir“, meint er und grinst dabei.

„Dann bis morgen.“

Ich fahre auch nach Hause, gebe meiner Katze noch was zu fressen und falle halbtot ins Bett.

Am nächsten Morgen stehe ich schon um 7 Uhr auf, mache mir Kaffee und genieße den Morgen auf meiner Terrasse. Ich nehme meinen Verband ab und denke, die Fäden an meinem Arm sollten gezogen werden. Ich gehe dann duschen, dabei schaue ich mir meinen Hintern an. So schlimm sieht es gar nicht aus, aber ich brauche neue Pflaster. Ich ziehe mich an, heute besonders bunt, mit Sonnenbrille und Stirnband. Ich sehe aus wie Jimmy Hendrix.

Ich fahre mit dem froschgrünen Ford ins Präsidium, auf dem Parkplatz haut mich der Manfred vom Verkehrsdienst an. „Na, du Superbulle, da ist heute die Hölle los, da würde ich nicht reingehen, Karle."

„Ah, danke, Manne."

Ich denke, das ist mir egal. Ich laufe in mein Büro, überall werde ich gelobt. „Sauber, Karle" oder „du bist der Wahnsinn, Karle", was mir Unbehagen verursacht. Ich betrete mein Büro. Wer sitzt in meinen Sessel? Mein Chef. Auch das noch, denke ich.

„Da ist er ja, unser Superbulle. Herr Deutelmosser, eine Freude Sie zu sehen. Sie machen mich zu einem glücklichen Mann. Es ist einfach unglaublich, wer mich heute Morgen und gestern alles angerufen hat."

Ich denke, oh Mann, was ein Arschkriecher. Er bekommt schon wieder feuchte Augen, gleich weint er.

„Stellen Sie sich vor, der Chef vom LKA hat angerufen und hat sich bedankt für die Festnahme von dem Hells-Angel-Boss. Seine Meinung solche Leute braucht das LKA, er würde Sie sofort einstellen."

Ich komme gar nicht zu Wort.

„Dann hat der Innenminister angerufen! Ihr sogenannter Ziehvater, Sie werden zum Hauptkommissar befördert und Herr Fleischhauer zum Hauptwachtmeister. Dann noch der Gefängnisdirektor vom Roten Haus, das jetzt voll ist, kein Platz mehr, er meinte, Sie sollten ein wenig langsam machen! Was ein Scherzkeks, oder nicht?"

„Ja, genau das Verbrechen schläft nicht", gebe ich zur Antwort.

„Völlig richtig, Herr Deutelmosser, aber das beste kommt zum Schluss." Er steht auf und haut mir mit beiden Händen auf die Schultern. „Sie dürfen nach Frankfurt fahren und die Jugoslawen verhören, die beim Geldfälscherring festgenommen wurden, weil ja der Verdacht des Mordes an unsrem Bahngleisopfer besteht. Eine andere Behörde aus einem anderem Bundesland fragt uns an. Das ist unglaublich phänomenal, Sie fahren morgen mit dem Zug und Herrn Fleischhauer nach Frankfurt."

Ich glaube, jetzt hat er Pipi in den Augen.

„Darf ich Sie umarmen, Herr Deutelmosser?"

„Solange Sie mir nicht an den Hintern fassen …" Ich grinse ihn an.

„Sie kleiner Scherzkeks." Er umarmt mich. Ich schaue ihm dabei über die Schulter und sehe, dass alle Kollegen an meiner Tür hängen und sich einen grinsen. Oh Mann, ist mir das unangenehm, was ein Albtraum.

„Vielen Dank, Herr Deutelmosser.“ Er marschiert aus meinem Büro und mosert dabei meine Kollegen an: „Haben Sie keine Arbeit, hier gibt nichts zu gaffen. Los, zurück an Ihre Arbeit.“

Kaum ist er aus meinem Büro, werde ich mit Spot Häme von meinen Kollegen überzogen. „Oh, haben wir hier Mamas Liebling“ und „darf ich an Ihren Hintern fassen“.

„Oh, aber sicher doch. Ihr könnt mich mal kreuzweise.“

Ich mache mich auf die Suche nach Fleischi. Ich finde ihn in seinem Büro.

„Guten Morgen, Herr Hauptwachtmeister.“

„Guten Morgen, Herr Hauptkommissar.“

„War er bei dir auch schon, Fleischi?“

„Ja, hör bloß auf. Was ein Schleimbolzen, Karle.“

„Ja, der hat jetzt bestimmt eine braune Nase.

„Aber weißt du, was noch schlimmer ist? Mei Alte zickt rum, ich hätte mich verändert, seit ich mit dir zusammen bin, ich soll mich versetzen lassen oder einen ruhigen Posten suchen. Aber auf keinen Fall mehr mit dir!“

„Aha, und willst du das?“

„Nein, eigentlich nicht. Wenn ich woanders bin, komme ich ja nicht zu meinem LKW-Abo.“ Er zieht ein hämisches Grinsen auf.

„Dann kann ich auf dich zählen?“

„Ja, logisch.“

„Danke. Morgen also Frankfurt? Um 7 Uhr am Bahnhof, erste Klasse und ein Viersternehotel. Aber vorher müssen wir noch einen Kunden auf unserer Kälberstickliste besuchen, um die Verdächtigen einzugrenzen."

„Ja, gut, Karle."

„Und Samstag brauche ich dich auch noch mal, da besuchen wir unseren Pfaffen in Wolpertswende."

„Und vielleicht die Simone?", fragt er spitzfindig.

„Ja, vielleicht", sage ich grinsend.

Das Telefon klingelt und der Mann mit der braunen Nase ist dran. „Hallo, mein lieber Herr Deutelmosser. Ich habe vergessen, Ihnen mitzuteilen, dass in Ihre Ente ein Funkgerät eingebaut wird und dass wir um 12 Uhr eine Pressekonferenz haben und Sie ein paar Worte sagen müssen. Und ziehen Sie sich was Anständiges an, Kruzifix nochmal, bis später."

„Oh Mann, was eine Scheiße, verfluchter Mist!"

„Was ist denn los, Karle?"

„Pressekonferenz um 12 Uhr, unsere Anwesenheit ist erwünscht. Nicht mit mir! Los, Fleischi, weg von hier. Wir lösen dein Abo ein. Auf zum Metzger deines Vertrauens!"

„Ja, super, und ein Bier dazu."

„Einen Augenblick noch, ich muss noch den Abschleppdienst anrufen. Die sollen mir neue Reifen aufziehen lassen und die Daisy zur Fahrbereitschaft fahren. Ich bekomme nämlich Funk in meine Ente."

„Echt jetzt?"

„Ja, Fleischi."
„Echt klasse!"
Ich rufe den Abschleppdienst an und regele alles.
„So erledigt, Fleischi, meine Ente bekommt neue Schlappen. Auf zum Metzger deines Vertrauens."
Zehn Minuten später sitzen wir im Auto, der Fleischi mit drei LKWS und einer Halbe Bier, ich mit einem Lumpensalat und einer Halbe Bier und ohne Schwimmring. Wir genießen unser Vesper in vollen Zügen. Nach 35 Minuten ist alles vernichtet.
„So, dann fahren wir zu unserem letzten Kunden auf der Liste. Ein Siegesmund Schulz in Höll 20."
„Du weißt, wo das ist, Karle?"
„Ja, weiß ich! Da ist auch ein Tanzlokal in der Nähe."
„Ja, stimmt. Und, Karle, klingelt da was? Tanzen und Simone!"
„Musst du jetzt da wieder darauf herumreiten, Fleischi?"
„Ja, muss ich, weil es Spaß macht."
„Du Nervensäge."

[Kapitel 5] – In der Höll

Nach zehn Minuten sind wir in Höll an der besagten Adresse. Ein kleiner Hof, wo der Stall direkt mit dem Wohnhaus verbunden ist, Stallhaltung von Rindern und Kühen.

„Und? Siehst du einen Hund, Fleischi?“

„Nein, kann nichts erkennen und bin gespannt, was uns erwartet.“

Wir steigen aus, ich lasse aber vorsichtshalber meine Autotür auf. Mein Gedanke: keine Lust auf böse Überraschungen.

„Hallo, ist hier jemand?“, rufe ich. „Polizei, Deutelmosser mein Name! Hallo, ist da wer?“

„Ach, da kommt jemand aus dem Stall, Karle.“

Ja, ich sehe ihn, ein Mann um die 50, hager mit Gummistiefeln und Hosenträgern und die Hose ist ihm fünf Nummern zu groß, und er riecht nach Kuhstall und hat Kuhscheiße an den Stiefeln.

„Grüß Gott, was kann ich für die Herren tun?“

„Ich bin Hauptkommissar Deutelmosser, das ist Hauptwachtmeister Fleischhauer, wir hätten da ein paar Fragen an Sie.“

„Ja, fragen Sie mich.“

„Sie haben bei der Firma Rubel zehn Kälberstricke gekauft.“ Ich zeige ihm ein Foto. „Haben Sie noch alle?“

„Ja, klar, die verwende ich nur, wenn ein Viehhändler auf unserem Hof ist und Vieh kaufen möchte.“

„Können Sie mir die Stricke zeigen, Herr Schulz?“

„Sie können Siggi zu mir sagen!“

„Machen wir? Ich bin der Karle und des ist der Fleischi.“

Ungewöhnlich, sind gleich beim Du, denke ich mir.

„Dann kommt mal mit.“

Wir laufen in den Stall, zuerst an Kühen vorbei. Ich trete natürlich voll in die Kuhscheiße.

Natürlich ich wieder, denke ich mir. Der Fleischi fängt an zu grinsen.

„I han draußen en schlauch, da kansch deine Schuhe abspritzen“, kommt von Siggi.

„Ja, mache ich dann, Siggi.“

Oh Mann, ein neuerlicher Albtraum. Wir laufen an den Bullen vorbei. Vorsicht schreit Siggi und schon schlägt der Bulle aus, direkt an meinem Knie vorbei! Ich springe zur Seite, abermals in die Scheiße. Ich denke, Glück und Pech gehabt.

„Kannst du denn nicht aufpassen, wo du na laufscht, Karle?“, kommt von Fleischi und er fängt an zu lachen.

„Sehr witzig.“

„Vor unserem Ludwig, dem Häge, muss man aufpassen, der ist hinterhältig!“

„So da sind wir, hier, an der Wand.“

Ich zähle durch. „Ja alle zehn sind da. Das passt, Siggi, danke."

„Wollt ihr mit uns was essen?", kommt von Siggi. „Es würde ein Vesper geben, mit Most und Speck."

„Nein, eigentlich nicht, Siggi."

„Doch, klar", kommt von Fleischi, „ich habe Hunger bekommen."

Das war so klar, ist mein Gedanke. „Wir sollten eigentlich weiter, Fleischi."

„Ja, du vielleicht, aber ich habe jetzt Hunger. Also auf gehts, Siggi."

Ich denke, jetzt geht er mir richtig auf den Sack mit seiner Fresssucht. „Ich hätte nur noch zwei Fragen, Siggi, wo warst du am 5. April zwischen 3 und 4 Uhr morgens?"

„Im Bett, mei alte kann das bezeugen. Die isch im Haus."

„Okay, und hast du den Mann schon mal gesehen?" Ich zeige ihm das Foto von unserem Toten.

„Nein, den kenne ich nicht."

„Gut, das war es schon, Siggi."

„Dann gehen wir mal ins Haus, und da vorne kannst du deine Schuhe abspritzen, Karle. Und ihr müsst die Schuhe ausziehen im Haus."

Nachdem ich meine Schuhe gereinigt habe, gehen wir in das Haus, es riecht nach Schweiß, Kuhstall und Käsefüßen. Echt lecker und so einladend, denke ich. Tapeziert wurde hier nach Krieg nicht mehr, ist meine Vermutung, und es ist nicht gerade sauber.

Aber der Fleischi ist da auf beiden Augen blind, wenn der Essen riecht, und das noch umsonst.

„Geht schon mal in die Wohnstube und setzt euch. Ich bringe gleich den Most und den Schnaps."

„Ja, klar, machen wir, Siggi", kommt von Fleischi. „Hört sich doch super an, oder nicht, Karle?"

„Riechst du das nicht?"

„Was denn?"

„Hier stinkt es!"

„Blödsinn, ich rieche nichts."

Ich denke, was stimmt mit seinem Zinken nicht?

Wir betreten also das Wohnzimmer, was seinen eigenen Charme hat. In der linken Ecke eine Eckbank und Tisch mit Herrgottswinkel und gegenüber ein Sofa. Hier riecht es nach Kuhstall und an den Wänden Bilder von Heiligen. Wir setzen uns an den Tisch, eigentlich will ich gehen und das sofort! Ich habe ein ungutes Gefühl.

„Los, lass uns gehen, Fleischi, wir müssen morgen früh raus."

„Immer das gleiche mir dir, Karle. Wenn ich in Ruhe vespern will, dann will der feine Herr nach Hause oder Außendienst."

„Nein, will ich nicht!"

„Doch, das ist immer so, Karle!"

In diesem Augenblick betritt unsere Gastgeberin den Raum. Mit unserem Vesper, Most, Schnaps und Rauchfleisch, Schwartenmagen, Schinkenwurst, Leberwurst und Brot. Ich sehe in Fleischis Gesicht, der kriegt sich fast nicht mehr ein vor grinsen. Unsere Gastgeberin ist eine echte Schönheit, Kittelschürze und Kopftuch und hat mehr Bartwuchs als ich und wahrscheinlich auch mehr Gewicht.

Sie stellt das Vesper auf den Tisch. „Sie bedienen sich, meine Herren? Aber vorher wird gebetet.“ Sie fängt an mit „Vater unser“, danach ein „Ave Maria“. „So, guten Appetit, meine Herren.“

Wir schenken uns Schnaps und Most ein, ich nehme gleich zwei Schnäpse, sozusagen als Desinfektion. Schmecken tut alles hervorragend. Nach zwei Krügen Most und einem weiteren Schnaps betritt Sigi den Raum mit zwei Damen, bestimmt seine Töchter. Er nimmt gegenüber von mir Platz.

„Und? Schmeckt es euch?“

„Ja, hervorragend“, kommt von Fleischi.

Die zwei Schönheiten links und rechts von mir haben, jetzt rieche ich es, Schweißfüße, aber so was von penetrant. Ich muss gleich würgen.

„Geht es Ihnen gut, Herr Kommissar?“, fragt mich die Bäuerin.

„Ja, alles bestens“, gebe ich zurück. Ich halte mir sofort das Schnapsglas unter die Nase. Ah, so ist es besser, denke ich. Das kommt echt an den Gestank einer Wasserleiche heran.

„Möchten Sie noch mal einen Schnaps, Herr Kommissar?“

„Nein, nein, ich rieche eben gerne den Duft von dem Schnaps.“ Auf einmal spüre ich eine Hand auf meinem linken Oberschenkel und jetzt rechts.

„Ach ja, das sind meine Töchter Melitta und Walburga und beide noch zu haben“, sagt Siggi.

„Ah schön“, meine ich und lächle verlegen.

Auf einmal sagt Fleischi mit vollem Mund: „Der Karle, der ist auch noch zu haben!“

Jetzt merke ich, wie der Druck auf meinen Schenkeln stärker wird. Ich schaue in die Gesichter der Frauen, erst links, ohhh mein Gott, ist die hässlich, lauter Pickel und einen Riesenzinken im Gesicht und eine Rotzblase … Ich denke, da wende ich mich lieber der rechts zu, aber rechts ist eigentlich noch schlimmer. Was ist das für grüne Farbe auf der Backe? Das ist keine Farbe, das ist Kuhscheiße. Sie macht den Mund auf. Ohh mein Gott, da greift die Zahnbürste wohl ins Leere, denke ich, sie stinkt aus dem Mund. Ok dann schaue lieber wieder geradeaus.

„Also wenn du noch solo bist, Karle, dann such dir eine aus. Von mir aus auch beide.“

„Nee, danke, Sigi ich habe keine Zeit für Frauen.“ Auf einmal fängt die eine an, mich zu umarmen, und will mich küssen, dann kommt die andere, stößt ihre Schwester weg und schreit: „Der gehört mir!“ und die andere: „nein, mir!“. Ich beuge mich nach vorne und sie streiten hinter meinem Rücken.

Ich schaue Fleischi an und werfe ihm einen flehenden Hilfeblick zu, aber der ist in seinem Fressrausch gefangen. Auf einmal schreit Siggi: „Lasst den Kommissar in Ruhe, Mädels!“

„Verbindlichsten Dank, Siggi.“

„Musst mir eben dann sagen, welche du willst, Karle.“

Ich lächele verlegen. Ich schenke mir noch mal einen Schnaps ein und tunke meinen Finger in den Schnaps und dann meinen Finger in meine Nasenlöcher wie bei der Leichenschau. Meine Oberschenkel sind immer noch fest im Griff der Grazien.

„Ich hätte dann noch eine Frage an Frau Schulz: War Ihr Mann am 5. April zwischen 3 und 4 zu Hause?“

„Ja, klar war der dahoim, wir gehen nur zweimal im Jahr in Stadt, wenn Oberschwabenschau und Martini-Markt ist.“

„Gut, danke, Frau Schulz das war es schon.“

„Haben Sie eigentlich keinen Hunger mehr, Herr Kommissar.“

„Nein, mir ist der Appetit vergangen.“

„Dann nehmen Sie doch noch mal einen Schnaps.“

„Danke, ich muss noch fahren, Frau Schulz.“

Die linke von mir hat gerade einen fahren lassen, es scheint keinen zu stören. Ich denke, was für absoluter Albtraum, so was glaubt mir keiner! Und Fleischi isst fröhlich weiter.

„So, Karle welche willst du jetzt? Melitta oder Walburga?“

Auf einmal greift die rechte, die ohne Zähne, mir an meine Kronjuwelen, ich springe auf und schreie Fleischi an: „Herr Hauptwachtmeister Fleischhauer, die Befragung ist beendet. Wir sollten jetzt dringend aufs Präsidium, und zwar sofort.“

„Echt jetzt?“

„Ja, das ist ein Befehl, Herr Fleischhauer.“

Ich laufe über die Bank an den Landpomeranzen vorbei und bedanke mich bei Siggi, Frau Schulz und den Schönheiten.

„Und willst jetzt keine von meinen Töchtern, Karle?“

„Nein danke, ich habe eine Freundin. Ihr Name ist Simone, und das war bisher geheim, Siggi, tut mir leid!“

„Ja, wenn das so ist, dann solltet ihr jetzt besser gehen“, meint er und schaut mich mit finsterem Blick an. „Los, Fleischi, auf gehts.“

Wir gehen nach draußen und hinter uns wird die Türe zugeschlagen.

„Du, Karle die haben noch unsere Schuhe.“

„Mir doch egal, ich laufe zum Auto.“

„Meine Schuhe!“

„Ich gehe da nicht mehr rein nie im Leben.“

„Hat es dir nicht geschmeckt?“

„Nein, Fleischi, hat es nicht. Hast du überhaupt davon was mitbekommen, was da drinnen abgegangen ist?"

„Nee, wieso, was war denn? Du bist einfach unglaublich. Es ist nicht in Worte zu fassen."

„Und was ist jetzt mit unseren Schuhen?"

„Also ich fahre jetzt. Was ist? fährst du jetzt mit?"

„Nee, ohne Schuhe will ich nicht laufen, außerdem muss ich pinkeln."

Wenig später .... „Du Karle, ich habe mir auf meine Socken gepinkelt."

„Ja, lieber Fleischi, du solltest nicht gegen den Wind pinkeln, das funktioniert nicht."

„Und was ist jetzt mit unseren Schuhen?"

Ich schreie ihn an: „Einsteigen, sofort, und Klappe halten, verstanden?"

„Ist ja schon gut, musst ja nicht gleich so massig werden."

Er steigt ein und ich fahre ihn nach Hause.

„Die wollten mich da drinnen verkuppeln, nur deshalb gab es was zu essen, Fleischi."

„Aber das Essen war lecker, oder nicht?"

„Ja, das schon! Und du solltest dringend zum HNO-Arzt gehen. Wenn du das nicht gerochen hast, dann stimmt was nicht mit deinem Riechkolben! Die waren echt so hässlich, die Frauen."

Nach 15 Minuten sind wir bei Fleischi zu Hause.

„Ich hole dich morgen früh um 6 Uhr 30 ab."

„Ja, alles klar, Karle! Dann bis morgen früh."

Zu Hause angekommen packe ich meine Tasche für einen Tag und hole neue Schuhe Adidas Samba, ich habe mir damals gleich drei Paar gekauft, mache ich eigentlich immer so, dass ich Kleidung mehrfach kaufe. Ich gehe noch duschen, ich bekomme den Duft nicht mehr aus der Nase, echt furchtbar. Hoffentlich träume ich nicht davon.

Ich gehe gleich ins Bett, die letzten Tage haben echt Spuren hinterlassen, eigentlich brauche ich dringend eine Pause. Ich stelle mir den Wecker auf 5 Uhr 30.

[Kapitel 6] – Frankfurt

Am nächsten Morgen weckt mich mein Kater um 5 Uhr. Der möchte, glaube ich, was zu fressen. Ich stehe auf, gebe dem Kater ordentlich zu fressen, soll ja reichen bis Samstagmorgen, und mache mir anschließend einen Kaffee und wasche noch meine Haare.

Um 6 Uhr mache ich mich auf den Weg zu Fleischi. Ich fahre direkt vor sein Haus. Er wartet schon davor. Ich traue meinen Augen nicht, da steht er mit einer Tasche und einem Koffer. Ich steige aus und fange gleich an zu lachen, der Fleischi steht da in einem Anzug aus Cord in einem dunklen Grün, der ihm leider zwei Nummern zu klein ist.

„Guten Morgen, Fleischi, du siehst aus wie eine Presswurst oder ein Michelin-Männchen. Kannst du dich überhaupt bewegen?“

„Ja, es geht, nur sitzen ist schwierig. Meine Frau hat gemeint, des passt so.“

„Die hält dich an der kurzen Leine. Los, einsteigen. Und schaffst du es oder soll ich dir helfen?“ Ich denke mir, das kann ja lustig werden. „Und was hast du in den zwei Taschen, Fleischi?“

„Also, in der einen Tasche habe ich Proviant für unterwegs und in der anderen habe ich meine Uniform und meinen Schlafanzug und eben, was man so braucht.“

Wir sind pünktlich um 6 Uhr 30 am Bahnhof, ich suche mir einen Parkplatz.

Beim Austeigen macht es auf einmal ritsch und der Fleischi hat ein Loch in der Hose und seine Unterhose schaut raus. Mich verreist es fast vor Lachen.

„Was gibt es da zu lachen, du Schaffsekel?“

„Du siehst zum Schreien komisch aus, der Anzug ist doch der aus deiner Firmung, oder nicht?“

„Ja, kann schon sein?“

„Also doch! Los, lass uns gehen.“

Am Bahnsteig angekommen warten wir auf den IC nach Frankfurt, und alle Leute starren, nicht auf mich, sondern auf Fleischi, das finde ich klasse.

Pünktlich um 7 Uhr fährt unser Zug ein. Fleischi Steigt als Erstes ein, beim Einsteigen macht es wieder ritsch und Fleischis Jackett löst sich am Rücken auf.

„Wir haben Tickets für die erste Klasse, Fleischi.“

Nach fünf Minuten haben wir unser Abteil gefunden und setzen uns. Ich denke, wenn das so weitergeht, machen wir uns echt zum Gespött.

„Du, Fleischi, hast du das eben mitkommen, wie dich die Leute angesehen haben?“

„Ja, war schon komisch irgendwie.“

„Komisch?“ Du siehst aus wie eine grüne Presswurst. Du solltest dich umziehen, und zwar sofort, so kann ich dich nicht mitnehmen.“

Er schaut mich erstaunt an. „Ist es wirklich so schlimm, Karle?“

„Ja, ist es und noch schlimmer. Ziehe dich jetzt um und wir machen dann Vesper.“

„Wo kann ich mich hier umziehen?“

„Da vorne ist eine Toilette.“

„Gut dann ziehe ich mich jetzt um.“

„Ja, mach das, weil so geht das auf keinen Fall.“

Ich warte, bis Fleischi sich umgezogen hat. So langsam bekomme ich Hunger. Mal sehen, ob ich bei Fleischi schnorren kann. Ich lasse mir noch mal die letzten Tage durch den Kopf gehen, ich muss auf jeden Fall noch die Autonummer von dem Porsche überprüfen lassen. Die Nummer geht mir nicht aus dem Kopf, S-HH-911.

Nach zehn Minuten Kommt Fleischi umgezogen in seiner Polizeiuniform wieder. „Und? So besser?“

„Ja, eindeutig, viel besser. Und was hast du zum Essen dabei?“, frage ich scheinheilig.

„Ja, Brot, Leberwurst, Schinkenwurst, Schwartenmagen, Gurken, Senf und Bier.“

„Ja, klasse, Fleischi, und kann ich bei dir was schnorren?“

„Ja, klar! Wir machen zusammen Vesper, wie schon so oft.“

Nach 30 Minuten sind wir satt und zufrieden in unsrem Abteil. In Ulm steigen wir um, auch da haben wir das Abteil für uns alleine. Es ist schon interessant. Wenn ein Polizist auftaucht, machen alle

Platz und schauen respektvoll, also nicht vor mir, sondern vor Fleischi.

Kurz vor Frankfurt steigen viele Fußballfans in den Zug. Frankfurt spielt gegen eine italienische Mannschaft. Oha, denke ich, der Zug wird voll, die werden alle zwei Klasse besetzen.

„Du, Karle, ich muss mal auf die Toilette, das Bier muss raus. Kann ich dich alleine lassen?“

„Ja, klar, Fleischi, ich kann auf mich aufpassen.“

„Da bin ich mir nicht so sicher bei dir, Karle.“

„Du kannst gehen, ich habe noch Walter bei mir“, meine ich grinsend.

Fleischi verlässt das Abteil und geht pinkeln. Ich höre im Zug Fußballgesänge. In diesem Moment öffnet sich die Türe, ein Mann um die 25, 170 cm groß und südländischer Typ betritt mein Abteil und schreit mich an: „Du mir helfen, du mir helfen!“

Ich denke, der ist ja völlig von der Rolle. Dann geht abermals die Türe auf und vier Frankfurtfans betreten das Abteil. Ich rieche Alkohol und Schweiß. Der Italiener stellt sich hinter mich und zeig mit dem Finger auf die vier Typen und schreit was auf Italienisch. Ein Typ um die 35 stellt sich vor mich und sagt zu mir: Mach Platz, du Hippie, der scheiß Itaker gehört uns. Mein Gedanke ist, ist der blöd im Kopf? Und der Typ hat eine Bierfahne, unglaublich, der ist ja voll wie ein Eimer. Ich sage zu ihm: „Das kann ich nicht machen, dass ich weggehe, außerdem ist das kein Itaker, sondern ein italienischer Staatsbürger, schönen Gruß von meinem Chef."

„Hast du was geraucht, du Kiffer? Und was interessiert mich dein Chef und wir sind zu viert und du alleine."

„Jetzt pass mal auf, du Frankfurter Würstchen, du machst dich jetzt mit deinen anderen drei Figuren vom Acker, sonst werde ich ungemütlich, verstanden? Außerdem bin ich nicht alleine. Ich habe Walter bei mir und ich habe einen Fleischi." Der Typ fängt an zu lachen. „Ich glaube, du bist high, du Kiffer."

Der Typ holt aus zum Schlag, ich drehe mich zur Seite, der Schlag geht ins Leere, zeitgleich ziehe ich meine Walter und halte sie ihm direkt unter die Nase. „So noch einen Furz und dein Gehirn fliegt hier durch die Gegend." Und jetzt halte ich ihm meine Marke unter die Nase. Und ich höre, wie einer ruft, „oh Mist, die Bullen", und sie rennen weg.

Der Typ ist kreidebleich im Gesicht. Fleischi betritt das Abteil, und schreit mich an: „Da bin ich zehn Minuten mal weg und schon gibt es Stress. Ich kann dich einfach nicht alleine lassen, Karle!"

„Laber nicht, lege dem hier Handschellen an, der wollte mich hauen. Wir gehen in Zukunft zusammen aufs WC, Fleischi", sage ich und grinse dabei.

Wir setzen den Typen auf einen Platz und der Italiener bedankt sich die ganze Zeit und setzt sich zu uns. Wir geben ihm zu verstehen, dass er Anzeige erstatten muss.

„Und, Fleischi, nimm mal die Personalien auf von den zweien hier."

„Nichts als Arbeit habe ich mit dir."

Der Italiener gibt zu verstehen, er würde gerne sein Gepäck holen.

„Gut, machen Sie das."

Das Frankfurter Würstchen schläft auf seinem Platz ein. Der schläft seinen Rausch aus.

Nach fünf Minuten kommt der Italiener zurück und bedankt sich nochmal bei uns. Er macht seinen Koffer auf und gibt mir eine luftgetrocknete Salami, sieht lecker aus, und Fleischi bekommt gleich große Augen. Er holt gleich sein Sackmesser raus, nimmt mir die Salami aus der Hand und fängt an, sie anzuschneiden. Er verteilt die Salami und der Eintracht-Frankfurt-Fan schläft immer noch seinen Rausch aus. Der Italiener gibt und zu verstehen, dass er auf eine Anzeige verzichtet. Er nimmt seine Tasche und verabschiedet sich von uns.

„Und, Fleischi, was machen wir mit dem Vogel?"

„Keine Ahnung, Karle!"

„Wir nehmen ihm die Handschellen am Bahnhof ab und lassen ihn weiterschlafen, würde ich sagen. Das gibt nur Arbeit und wie sieht es denn aus, wenn wir am Bahnhof auf unsere Kollegen treffen und gleich einen in Handschellen dabeihaben? Das sieht aus als würden wir uns wichtigmachen."

„Da gebe ich dir recht, Karle!“

„Gut dann machen wir das so. Hast du noch ein Bier in deiner Brotzeittasche?“

„Ja, zwei habe ich noch.“

„Dann hol sie mal raus. Heute im Hotel gebe ich einen aus.“

Wir genießen die zwei Bier, bis wir im Hauptbahnhof in Frankfurt sind.

„Wie heißt eigentlich unser Verbindungsmann, der hier uns am Bahnhof abholt, Karle?“

„Moment ich habe es mir in meinem Notizbuch aufgeschrieben … Georg Nadler ist sein Name!“

„Mal sehen, ob wir den finden, Karle?“

„Er wird uns finden. So viele über zwei Meter große Polizisten werden nicht aus dem Zug aussteigen, Fleischi.“

„Ja, stimmt, Karle.“

Ich mache noch den Armschmuck von dem Frankfurter Würstchen ab, der immer noch schläft. Wir steigen aus dem Zug aus und halten am Bahnsteig Ausschau nach Kommissar Nadler. Auf einmal steht ein Mann vor uns, der genauso groß ist wie Fleischi und auch fast genauso aussieht, wie ein Double.

Er begrüßt uns: „Kommissar Deutelmosser und Wachmeister Fleischhauer?“

„Ja, genau, und Sie sind Kommissar Nadler?“

„Ja, stimmt. Herzlich Willkommen in Frankfurt.“

Wir bedanken uns.

„Sie hatte ich mir ganz anders vorgestellt, Herr Deutelmosser.“

„Ja, das passiert mir fast jeden Tag. Herr Nadler, Sie könnten ja fast Brüder sein, Sie und mein Kollege.“

„Ja, fast.“ Beide schauen sich an und lachen. „Und hatten Sie unterwegs Probleme, meine Herren?“

„Ja, einen Frankfurt-Fan mussten wir neu einnorden, der liegt jetzt aber im Abteil und schläft seinen Rausch aus.“

„Soll ich ihn festnehmen lassen?“

„Nein, alles gut, wir haben alles geregelt.“

„Gut, dann können wir ja gehen.“

Als wir so gehen, ist mein Gedanke, hier falle ich nicht auf mit meinem Outfit, hier bin ich einer von vielen, das gefällt mir. Was mir noch auffällt, hier ist es dreckiger als bei uns und es gibt viele Junkies. Am Bahnhofsvorplatz begrüßt uns gleich die Hektik der Großstadt.

„Hier entlang, meine Herren.“

Wir bleiben vor einem Daimler stehen der im Parkverbot steht. Ich denke, der parkt ja im Parkverbot, wie ich immer.

„Ist das Ihr Dienstfahrzeug, Herr Nadler?“

„Ja, wir haben Daimler bei uns im Einsatz.“

„Echt klasse Auto“, kommt von Fleischi.

„Soll ich Sie zuerst ins Hotel fahren oder ins Präsidium? Die Vernehmung der Jugos ist um 14 Uhr.“

„Zuerst ins Hotel, Herr Nadler, wir beziehen schnell unsere Zimmer und anschließend fahren wir zur Vernehmung.“

„Gut, dann warte ich in der Lobby auf Sie.“

Am Hotel angekommen, echt ein schickes Hotel, will der Page Fleischis Fresskoffer abnehmen! Der schaut ihn einmal finster an und der Page macht sich vom Acker. Ich fange an zu lachen. „Fleischi, du und dein Essen.“

„Du weißt was passiert, wenn ich nichts zu essen habe, Karle?“

„Ja, das weiß ich! Gott bewahre, dass es nie eintritt.“

Wir bekommen unsere Zimmerschlüssel und beziehen unsere Zimmer, die direkt nebeneinander liegen.

„Wir treffen uns in 15 Minuten unten, Fleischi?“

„Ja, in Ordnung in 15 Minuten unten am Empfang.“

Ich betrete mein Zimmer, Ich habe die Zimmernummer 714 und Fleischi 716, echt tolles Zimmer, Dusche und mit Minibar, gutes Bett, perfekt. Ich mache mich ein wenig frisch, gehe noch aufs WC und gehe dann in die Lobby. Dort sehe ich nur Kollege Nadler, aber es sind ja noch fünf Minuten. Wir unterhalten uns über die Verbrechen, die hier in Frankfurt verübt werden, da ist wirklich alles dabei. Ich denke, da ist es ja bei uns eher beschaulich.

„Wo bleibt denn Ihr Kollege, Herr Deutelmosser?“

„Ja, ich werde nach ihm sehen, vielleicht hat er sich ja verlaufen in diesem so großen Hotel.“

Ich bin jetzt echt schon total angepisst, so was kann ich nicht leiden, aber eigentlich weiß das Fleischi. Also rein in den Lift und hoch in den siebten Stock. Ich stehe vor dem Zimmer von Fleischi und klopfe. Fleischi öffnet die Türe mit einem Erdnussriegel in der Hand, und fragt mit vollem Mund: „Ja, was ist, Karle?“

„Ja, sag mal, bist du komplett irre, oder was? Ich drehe gleich am Rad, das gibt es doch nicht. Wir haben einen Termin, wir sollen die Jugos verhören, und du plünderst die Minibar, einfach unfassbar. Los, komm jetzt, wir müssen los!“

„Ja, ja, ist ja schon gut. Hast du gesehen, was da alles drin ist, in so einer Minibar, Karle?“

„Ja, habe ich! Auf jetzt, rein in den Lift.“

Im Lift isst er seelenruhig seinen Rigel fertig. Gedanklich bin eigentlich schon bei der Vernehmung und Fleischi geht mir richtig auf den Zeiger.

Unten angekommen … So, meine Herren, jetzt aber, wir haben es eilig.“

Da rennt der Fleischi zum Empfang und sagt dem Empfangschef: „716, Minibar auffüllen.“

Ich stehe da und könnte im Boden versinken, einfach unfassbar. Wir laufen zum Auto, Kollege Nadler haut das Blaulicht auf das Dach und ab geht es.

Nach zehn Minuten sind wir vor dem Präsidium, ein Riesenkasten von Bürogebäude, sehr modern, noch nicht alt, denke ich.

„Mein Chef möchte Sie gerne vorher noch sehen, meine Herren. Und soll ich Ihnen nach der Vernehmung heute Abend Frankfurt näherbringen?“

Fleischi und ich schauen uns an. „Ja, warum nicht, Kollege Nadler. Aber mein Kollege Fleischhauer hat aber nur noch seine Uniform zum Anziehen, die andere Kleidung, da passt er nicht mehr rein.“

„Ich gebe ihm was von mir, wir haben ja die gleiche Statur.“

„Ist das in Ordnung für dich, mein Lieber Fleischi?“

Fleischi nickt. „Und gibt es da was zum Essen, Kollege Nadler?“

„Ja, klar, Herr Fleischhauer.“ Beide schauen sich an und fangen an zu lachen.

„Also gut, dann zu Ihrem Chef, Herr Nadler.“ Ich denke, zwei von der Sorte, das ertrage ich nicht, das wird bestimmt noch interessant.

Wir fahren mit dem Aufzug in den dritten Stock, alles modern eingerichtet, nicht so wie bei uns. Da meinst du, du bist du noch im Mittelalter.

„Kollege Nadler, könnte ich vorher noch kurz telefonieren?“

„Ja, sicher, wir gehen in mein Büro.“

„Sie haben ein eigenes Büro?“

„Sie nicht?“

„Nein, wo denken Sie hin?"

Wir betreten das Büro von Kollege Nadler. Modern, hell, mit Blick auf die Straße. Ich denke, so was würde mir auch gefallen.

Ich rufe Rudi an. Er soll die Kennzeichen von dem Porsche überprüfen und von den zwei Motorradfahrern, und er soll die Albis überprüfen, und wer hinter der Firma HH Immobilien steckt. Der zweite Anruf gilt Fleischis Vater, unserem Innenminister, ich habe die Durchwahl. Ich brauche freie Hand bei der Vernehmung der Jugos. Er ist dann auch gleich am Telefon und ich erkläre ihm den Sachverhalt und er soll sich mit dem Innenminister aus Hessen kurzschließen. Er meint, er würde alles in die Wege leiten

„Fleischi, willst du noch mit deinem Vater sprechen?"

„Nein, sage ihm schöne Grüße."

Ich bestelle schöne Grüße und bedanke mich und lege auf.

„Kollege Nadler, wollen wir uns nicht duzen? Wäre für uns zwei einfacher."

„Ja, gerne", bekomme ich als Antwort.

„Also, ich bin der Karle und mein Kollege ist bei uns allen nur der Fleischi."

„Und ich bin der Georg!"

Wir reichen uns die Hände.

„Und, Georg, hörst du gerne Richard Wagner? Unser Georg von der Pathologie, der hört so was!"

„Nein, so was höre ich nicht, Karle."

„Hätte ja sein können. Und was ist dein Chef für ein Mensch?"

Er fängt an zu lachen. „Unser Chef ist sehr speziell, das kann man schlecht in Wort fassen. Das muss man erleben! Lass dich überraschen, Karle!"

Das kann ja lustig werden, ist mein erster Gedanke. „Dann auf zu deinem Chef."

Wir laufen durch die Gänge, überall Kollegen, es geht zu wie einem Bienenschwarm.

Wir klopfen an und betreten das Büro von Georgs Chef, das so groß ist wie drei Büros von uns.

„Ah, da sind ja die Herren aus Ravensburg."

Ein Mann um die 55 Jahre, denke ich, mit Halbglatze, Bierbauch, Weste und Krawatte, die Hand seitlich in der der Weste, steht hinter seinem Schreibtisch.

„Ja, ich bin Hauptkommissar Deutelmosser und das mein Kollege, Hauptwachtmeister Fleischhauer."

„Ja, ich bin Oberkommissar Hotz."

„Ja, freut mich, Herr Kotz!"

„Nicht Kotz! Hotz! Haben Sie was an den Ohren, Herr Deutelmosser?"

„Entschuldigen Sie bitte, wird nicht wieder vorkommen."

„Ja, hoffentlich. Sind Sie bei der Drogenfahndung, Herr Deutelmosser?"

„Nein, Morddezernat."

„Also, so dürften Sie bei mir nicht herumlaufen, wie ein Hippie.“

Mein erster Gedanke: was für ein Ignorant.

„So laufe ich immer herum, Herr Kotz.“

„Nicht Kotz, Hotz. Haben Sie was an den Ohren? Lassen Sie mal Ihre Ohren untersuchen.“

Ich sehe wie der Herr Hotz von etwas heruntersteigt. Ich bücke mich, schaue unter den Schreibtisch und sehe eine Kiste mit drei Stufen. Oha, denke ich.

„Was schauen Sie denn so komisch, meine Herren? Die Kiste brauche ich zum Nachdenken.“

„Ja, klar, das habe ich mir schon gedacht“, gebe ich zu verstehen.

Nun steht der Herr Hotz vor uns. Ein Sitzriese! Um die 150 Zentimeter, wenn überhaupt. Er steht vor uns und schaut von unten zu uns herauf.

„Sie können sich setzen, meine Herren.“

„Nein, wir möchten stehen!“

„Also gut.“ Er steigt wieder auf seine Kiste. Als ich ihn da so stehen sehe, muss ich sofort an Napoleon denken.

„Also, Sie möchten also bei der Vernehmung der beiden Jugoslawen dabei sein, als Beobachter!“

„Also nein, nein, da haben Sie was falsch verstanden, ich übernehme die Vernehmung.“

„So weit kommt es noch, dass so einer wie Sie die Vernehmung leitet, aus einem anderen Bundesland, auch noch in meinem Revier. Sie schauen zu und dann könnt ihr Provinzler aus Oberschwaben noch was lernen."

Ich denke, was ist das für ein Arschloch. Jetzt wäre es perfekt, jetzt sollte das Telefon klingeln. Ich schicke ein Gebet nach oben, jetzt bitte. Und tatsächlich klingelt das Telefon. Kotz geht ran und ich grinse mir eins und schaue meine Kollegen an.

Kotz telefoniert mit seinem Innenminister und macht einen auf Arschkriecher. Ja, gerne, Herr Innenminister. Aber gerne doch, Herr Innenminister.

Nach fünf Minuten ist er fertig mit telefonieren. „Sie haben ja mächtige Freunde, Herr Deutelmosser! Sie haben völlige Handlungsfreiheit und jetzt gehen Sie mir aus den Augen."

„Ja geht doch, warum denn nicht gleich so? Und Auf Wiedersehen, Herr Kotz."

Wir verlassen das Büro und ich höre noch, wie er schreit: „Hotz, Hotz, verdammt nochmal!"

„Du, Georg, ich glaube, dein Chef hat gerade eine Kernschmelze durchgemacht." Ich fange an zu lachen.

„So hat hier noch keiner mit unserem Chef gesprochen. Das war echt phänomenal, Karle."

„Ich bin ja auch nicht von hier, komme aus der Provinz, Georg." Wir fangen alle an zu lachen.

„Wo geht es hier zum Vernehmungsraum Georg?"

„Ich habe alles schon vorbereiten lassen."

„Perfek!"

„Immer mir nach, meine Kollegen."

Als wir so Georg folgen, wundert es mich eigentlich, dass Fleischi noch nicht nach Essen gefragt schon. Komisch.

Im Vernehmungsraum angekommen frage ich Georg, welcher von den beiden Jugoslawen der Labilere ist.

„Ich würde sagen, der mit der Narbe auf der Backe."

„Sehr gut, wir werden jetzt den Raum so gestalten, wie wir das immer machen."

„Ihr könnt machen, war ihr wollt Karle!"

Also ich stelle den Tisch in die Mitte und einen Stuhl hinten in die Ecke. Da sitzt Fleischi. „Hast du vielleicht einen Schuhlöffel oder Spazierstock, Georg?"

„Ja, Moment, ich schaue, was ich finde."

Ich werde direkt vor den Befragten sitzen am anderen Ende.

Nach fünf Minuten kommt Georg mit einem Schuhlöffel aus Metall.

„Perfekt." Ich gebe Fleischi den Schuhlöffel. „Also, Fleischi, das ist ganz wichtig. Du schlägst mit dem Löffel die ganze Zeit gegen das Stuhlbein, immer im gleichen Takt, verstanden?"

„Ich habe Hunger Karle."

„Oh mein Gott, nicht jetzt, Fleischi! Hast du nichts dabei zum Essen?"

Er fängt an zu lachen. „Ja, logisch habe ich was dabei. Ich wollte dich nur ärgern." Er zieht aus seiner Jackeninnentasche ein paar Landjäger hervor. Georg und ich fangen an zu lachen und er sitzt jetzt auf seinem Stuhl und isst Landjäger.

„Also, dann kann es losgehen, Georg."

Er gibt mir die Akte. „Er hat einiges auf dem Kerbholz, unser Herr Topalovic. Vielleicht haben wir jetzt unsere Mörder?"

„Ich hoffe es! Der Fall fordert alles von mir."

Nach fünf Minuten bringen sie den Verdächtigen in den Raum. Ich gebe die Anweisungen, sie sollen die Handschellen mit einem Arm am Tisch festmachen und die Fußfesseln nicht abnehmen. Er schaut uns an, besonders Fleischi, der isst und gleichzeitig klopft.

„Also, Herr Topalovic, wir haben da ein paar Fragen an Sie. Ich bin Kommissar Deutelmosser, und der Herr da hinten, das ist ein Sonderermittler, Name ist unwichtig. Ich bin vom Morddezernat aus Ravensburg."

„Morddezernat?" Er schaut sich um. „Mit Mord habe ich nichts zu tun."

„Da bin ich anderer Ansicht, Herr Topalovic. Ihre Fingerabdrücke waren auf den Blüten unseres Mordopfers. Für mich sind Sie ein Mörder! Wo waren Sie am 5. April zwischen 3 und 4 Uhr morgens? Sie wurden von unsrem Mordopfer beklaut und Sie wollten Ihre Blüten wiederhaben und haben Herrn Maier ermordet, Sie und Ihr Komplize Tadic."

Er schaut sich um und wird nervös. „Könnten Sie Ihrem Kollegen sagen, er soll mit dem Klopfen aufhören?"

„Er ist Sonderermittler, da kann ich nichts machen."

„Ich sage nichts mehr."

„Wir haben Zeit, Herr Topalovic." Ich schaue ihm in die Augen und mache sonst nichts und Fleischi klopft weiter immer schön im Takt.

Nach 15 Minuten will er aufstehen. „Schön sitzen bleiben. Herr Topalovic, für Mord gehen Sie lebenslänglich in den Knast. Wenn Sie aber als Kronzeuge auftreten, bekommen Sie und Ihre Familie einen neuen Namen und einen neuen Wohnort und können ein neues Leben beginnen. Aber nur wenn Sie uns alles verraten, das mit dem Falschgeld, und wo Sie am 5. April waren." Ich haue auf den Tisch.

Er erschrickt und schreit: „Ich will hier raus!"

„Sie können gehen, wenn Sie uns alles erzählt haben, verstanden?"

Er schaut hastig nach links und rechts.

„Na was ist jetzt, packst du jetzt aus?"

„Ich bekomme eine neue Identität?", fragt er mich.

„Ja, Sie und Ihre Familie!"

„Ich möchte das aber schriftlich haben."

„Ja, klar bekommen Sie das. Also, wo waren Sie letzte Woche Samstag, zwischen 3 und 4 Uhr morgens."

„Das ist einfach, da war ich in einem Taxi, wir waren in einer Spielbank, zuerst in Bregenz und dann in der Spielbank in Lindau, der Tadic und ich, und haben die Blüten in den Umlauf gebracht. Anschließend wollten wir nach Hause fahren, aber die Dreckskarre lief nicht mehr und wir haben uns ein Taxi gerufen, das uns nach Hause gefahren hat. Ich habe dem Taxifahrer 100 DM Trinkgeld gegeben, der erinnert sich bestimmt an mich. Wir waren so gegen 5 Uhr morgens zu Hause."

„Und wissen Sie noch den Namen des Taxiunternehmens?"

„Ja, konnte ich mir gut merken. Spinnenhirn, sehr lustiger Name."

Oha, der Bruder vom Chef hat Falschgeld angenommen, das wird lustig, und seine Aussage klingt glaubwürdig, wieder ein Verdächtiger weniger.

„Wir werden das überprüfen, ich bin hier fertig. Mein Kollege, Herr Nadler, übernimmt jetzt die Befragung und macht alles andere. Haben Sie das verstanden, Herr Topalovic?"

„Ja, habe ich."

Ich winke in den Venezianischen Spiegel, dass Georg reinkommen soll."

Dieser bittet uns, mit vor die Tür zu kommen.

„Das war super Arbeit von euch zweien. Ich habe einen Kollegen, der euch in euer Hotel fährt, und das ist für dich, Fleischi. Kannst dich umziehen. Ich hole euch heute Abend um 20 Uhr vor dem Hotel ab."

Wir verabschieden uns und gehen mit dem Kollegen, der uns in unser Hotel fährt.

Im Hotel angekommen … „Also, Fleischi, das war ein erfolgreicher Tag."

„Ich hoffe, heute Abend gibt es was Anständiges zum Essen? Sonst drehe ich am Rad, denn mein Fresskoffer ist leer, Karle."

„Ja, wir werden bestimmt was finden für dich. Also sehen wir uns um 19 Uhr 55 wieder hier unten?"

„Ja, in Ordnung."

Wir fahren mit dem Lift nach oben und gehen in unsere Zimmer. Ich falle sofort in mein Bett und schlafe ein.

Ich höre Klopfgeräusche. Träume ich oder was? Ich erwache. Ach ja, bin ja im Hotel. Es klopft weiter an der Türe. Ich stehe auf öffne die Türe und Fleischi und Georg stehen da.

„Los, kommt rein, ich bin sofort eingeschlafen. Setzt euch, ich mache mich schnell fertig."

„Beeil dich, Karle i han Hunger!"

„Ja, ich weiß, Fleischi, du hast immer Hunger!"

Ich wasche im Bad meine Haare und mache mich frisch. Als ich rauskomme, sehe ich, dass die zwei meine Minibar geplündert haben.

„Ihr könntet echt Brüder sein."

Sie schauen sich an und fangen an zu lachen. Jetzt erst sehe ich, dass Fleischi eine Jeans anhat und muss selbst lachen.

„Die Jeans hat er von mir, so was ziehe nicht an, die kann er geschenkt haben“, gibt Georg zu verstehen.

„Ich fühle mich irgendwie komisch, Karle.“

„Ja, Fleischi, das ist der Jeans-Blues.“

„Ist das ansteckend, Karle? Der Blues?“

„Ja, aber nur für die, die Jeans tragen“, sage ich lachend. „Los, lasst uns gehen und räumt eure Verpackungen von meinem Bett.“

„Aber wohin gehen wir denn?“, möchte Fleischi wissen.

„Also, ich dachte, wir gehen zuerst essen nach Sachsenhausen, und dann zeige ich euch einen unserer Brennpunkte hier in Frankfurt, das Bahnhofsviertel.“

„Das klingt doch gut, oder nicht, Karle?“

„Ja, in Ordnung, ich möchte heute Spaß haben.“

Wir fahren also nach Sachsenhausen, und ich habe wirklich einen Bärenhunger. Die beiden anderen wahrscheinlich auch. Georg hat eine gute Wirtschaft ausgesucht, die „Goldene Gans“. Georg empfiehlt uns Ebbelwoi aus dem Bembel. Also bestellen wir Ebbelwoi für alle. Ich esse Handkäse mit Musik ohne Kümmel, Fleischi Frankfurter Würstchen mit Sauerkraut und Georg Schneegestöber. Zum Schluss gibt es noch ein Stück Frankfurter Kranz.

Das Beste daran ist, Georg hat uns eingeladen, worüber sich besonders Fleischi freut, der alte Entenklemmer. Jetzt fragt Fleischi: „Und jetzt zeigst du uns das Bahnhofsviertel, Georg?“

„Ja, gerne!“

„Gehen wir zu Fuß oder fahren wir durch mit dem Auto? Weil um die Zeit liege ich immer auf dem Sofa und lege meine Füße hoch, also, fahren wäre mir lieber.“

„Du alte Spaßbremse, Fleischi, ich wollte heute Spaß haben.“

Georg meint: „Wir können ja da durchfahren und im Hotel noch was trinken. Wie wäre das, Kollegen?“

Wir einigen uns und fahren Richtung Bahnhof.

Als wir in der Bahnhofstraße angekommen, hält Georg an einem Parkplatz und erklärt uns, welches Bordell in welcher Hand ist. „Das Bordell Pussycat gehört einer Motorrandgang. Die sind ganz neu in Frankfurt, die Hell‘s Angels. Ein Boss von denen wurde erst vor Kurzem festgenommen bei euch in Baden-Württemberg.“

„Ja, klar, das waren wir. Ich und Karle haben den festgenommen“, kommt von Fleischi mit vollem Stolz.

„Ihr wart das? Echt jetzt? Ihr wollt mich verarschen, oder?“

„Nein, kein Witz, Georg. Einer von denen wollte mir Drogen verkaufen. Ich und Fleischi haben die zwei festgenommen."

„Und ich fahre mit euch hier durch die Gegend, seid ihr lebensmüde? Das lassen die sich nicht gefallen, glaubt mir."

„Ach, so schlimm ist das nicht, Georg. Fleischi und ich passen auf uns auf."

„Ihr habt ja Nerven, ich fahre euch jetzt ins Hotel."

Fleischi und ich schauen uns fragend an und zucken mit den Schultern. „Aber, Georg, wir trinken doch jetzt zusammen noch ein Bier? Ich gebe einen aus."

Fleischi lacht schon, reibt sich die Hände und sagt: „Ja, prima. Hoffentlich nicht nur eines."

„Ja, ein Bier geht immer. Also, ihr zwei auf ins Hotel, ich gebe einen aus."

Im Hotel angekommen machen wir uns gleich auf den Weg in die Hotelbar, Fleischi voraus. Die Bar ist echt nobel eingerichtet, Sessel und Sofas, sodass man darin versinkt. Ich glaube, das gefällt Fleischi nicht, ne Bierbank wäre ihm Lieber.

Da kommt auch schon der Ober im feinen schwarzen Anzug, sieht aus wie ein Pinguin. Ich bestelle drei Bier.

Fleischi reibt sich schon die Hände. „Habe ich einen Durst. Ich hoffe, ihr zwei auch?"

„Ja, klar, Fleischi."

Nach fünf Minuten kommt der feine Pinguin mit einem Tablett mit drei Bier, jeder bekommt eines. Auf einmal motzt der Fleischi den Ober an, wo der Rest vom Bier ist. „Das sind ja nur 0,2 das ist ja gleich leer."

„Ja, lieber Fleischi, hier ist das so, hier gibt es nur 0,2", sage ich und wir fangen an zu lachen.

Der Fleischi trinkt das Bier ex und weg und bestellt noch zwei auf meine Rechnung, was mir eigentlich egal ist. Der Pinguin macht einen Bückling und macht sich vom Acker.

„Du wolltest einen ausgeben, Karle, aber ganze oder halbe Bier und nicht so Zwitterbier."

„Ist schon klar, du alter Pfennigfuchser, lass es dir schmecken."

Nach zwei weiteren Bier verabschieden wir uns von Georg und gehen auf unsere Zimmer.

„Also, Fleischi, morgen früh um 7 Uhr zum Frühstück."

„Alles klar, Karle, dann bis morgen früh."

Ich falle in mein Bett und stelle noch meinen Wecker auf 6 Uhr, und ich sollte nächste Woche meine Fäden ziehen lassen, fällt mir ein, als ich so da liege.

Der Wecker reißt mich am nächsten Morgen aus dem Schlaf und fühle mich wie gerädert, ab unter die Dusche. Dort lasse ich mir den Fall nochmals durch den Kopf gehen und welche verdächtigen ich noch habe. Der Pfarrer, seine Schwester und deren

Sohn, der Porschefahrer und die zwei Höllenengel stehen noch zur Auswahl, denn so langsam bin ich am körperlichen und geistigen Limit, der Fall schafft mich schon. Hoffentlich habe ich den Mörder bald.

Nach der Dusche fühle ich mich ein wenig besser. Ich ziehe mich an, heute ein schönes neues buntes Hemd, mache noch meine Haare und gehe nach unten in den Frühstücksraum.

Als ich unten in den Frühstücksraum komme, ist der Fleischi nicht zu übersehen, vor allem was alles auf seinem Tisch steht.

„Guten Morgen, Fleischi. Na, gut geschlafen?"

„Ja, wie ein Baby, Karle. Schau dir das Frühstück an, unglaublich. Hier gehe nicht mehr weg und das tollste, wenn die Wurstplatte leer ist, dann kommt eine neue! Hier gibt es echt alles. Das ist wie im Frühstückshimmel."

„Du weißt schon, dass wir auf den Bahnhof müssen?"

„Ja, klar, habe schon vorgesorgt für die Reise." Er öffnet seine Fresstasche.

„Die ist ja fast voll. Das gehört sich nicht, Fleischi! Fresspakete für die Reise, das kommt nicht gut."

Ah, da kommt der Pinguin von gestern Abend und fragt, ob ich Kaffee möchte. Ich bestelle Kaffee.

„Keine Sorge ich habe das schon alles geklärt, Karle. Ich habe es auf die Rechnung setzen lassen."

„Du hast ja Nerven, das wird unseren Chef freuen!“

„Ja das denke ich auch.“

„Wie viele Wecken hast du denn gemacht?“

„Zehn für mich und zwei für dich. Das reicht dir doch, oder? Und das beste, ich habe noch vier Flaschen Bier besorgt.“

„Echt jetzt, Fleischi, woher hast du die denn?“

„Das bleibt mein Geheimnis … und wo ich den Rest herhabe!“

„Welchen Rest?“

„Erzähle ich dir später. Jetzt möchte zu Ende frühstücken.“

Ich denke, oha, was kommt da noch auf mich zu? Aber so ist er eben, gutes Essen und der Fleischi ist nicht mehr zu halten.

Wir frühstücken zu Ende und an der Rezeption unterschreibe ich, was auf das Zimmer geschrieben wurde. Bei mir sind es drei Positionen, bei Fleischi eine ganze Seite. Ich bin schockiert, aber wundern tut es mich nicht und zu diskutieren habe ich keine Lust. Der Portier bedankt sich und sagt mir, dass die Rechnung an unser Polizeirevier geht und lächelt dabei so komisch. Wir nehmen ein Taxi und fahren zum Bahnhof

Wir steigen in den Zug und finden unser Erste-klasse-Abteil. Auch diesmal sind wir noch alleine im Abteil, was ich durchaus gut finde, der Fleischi braucht eine Abteilseite für sich alleine. Er hält seine Fresstasche wie ein Baby auf dem Schoß und grinst dabei wie ein Honigkuchenpferd. Ich bin müde und schlafe eine Runde.

Als ich aufwache, sitzen ein Mann und eine Frau neben mir, die sich angeregt mit Fleischi unterhalten. Sie sind, wie es aussieht, ein Ehepaar, beide um die 50 oder älter. Beide recht konservativ von der Kleidung her. Die Alte labert die ganze Zeit dem Fleischi die Ohren voll, aber wenn der am essen ist, vergisst er Zeit und Raum. Der Mann lächelt nur die ganze Zeit und sagt keinen Ton.

Ich stehe auf und strecke mich. „Oh, das hat gut getan, wo sind wir denn?“

„Zwischen Stuttgart und Ulm“, bekomme ich von Fleischi zur Antwort.

Jetzt sehe ich neben Fleischis Platz ein Fressgelage, Pastete, Kaviar, Käse, Panettone, und er trinkt, glaube ich, belgisches Bier, Jetzt dämmert es mir, woher er das hat. Im Hotel gab es einen Feinkostladen, da hat er sich eingedeckt. Das gibt Ärger und nicht zu knapp. Die zwei Herrschaften essen auch, sehe ich gerade, Kräcker mit Kaviar. Fleischi hat sie wohl eingeladen. So, ich werde jetzt mal für Stimmung sorgen, ist mein Gedanke. Ich greife rüber in Fleischis Fresstasche und hole mir ein Bier und Wecken mit Frankfurter Würstchen. Auf einmal fängt die Alte an, mich zurechtzuweisen. „Wie können Sie es wagen, dem Polizisten das Essen wegzunehmen. Stimmt doch, Karl-Rüdiger?“ Sie schaut dabei ihren Mann an. Der lächelt nur wie ein Idiot.

Ich mache das Bier auf, proste in die Runde und nehme mir ein Stück Käse.

„Welche Unverfrorenheit … Wie können Sie es wagen. Aber wundern tut es mich nicht. Ihr Hippies meint, ihr könnt alles machen. Freie Liebe, Drogen und herumlaufen wie Lumpensammler und keinen Anstand besitzen. Das siehst du doch auch so, Karl-Rüdiger? Jetzt sag doch auch mal was.“

Er lächelt nur, als könne er nicht bis fünf zählen.

Ich stehe auf, nehme ihr den Kräcker mit Kaviar aus der Hand, esse ihn und grinse dabei.

„Wie können Sie es wagen? Was für ein Affront. Sie sind wohl nicht bei Trost.“

„Schmeckt lecker, ein bisschen zu salzig“, meine ich. Ich denke, jetzt beende ich die Scharade. Ich hole meine Pistole aus meinem Halfter und lege sie auf meinem Platzt. Auf einmal fängt die Alte an zu schreien: „Hilfe, Hilfe, Hilfe, Überfall!“, öffnet die Türe vom Abteil und zieht draußen die Notbremse. Im gleichen Moment falle ich in Fleischis Arme. Wir liegen Backe an Backe und als der Zug stillsteht, fragt mich der Fleischi: „Musste das jetzt sein, Karle?“

„Ja, das musste sein. Du hast die Alte gehört, die hat doch nicht alle Latten am Zaun.“

„Ich kann in deiner Gegenwart einfach nicht in Ruhe essen. Und würdest du jetzt bitte von meinem Gesicht runtergehen, du riechst nach Fisch und außerdem läuft dein Bier über meine Hose."

„Oh, entschuldige bitte! Ich stehe auf, setze mich auf meinem Platz und ich sehe, wie die Frau im Abteilgang liegt und ihr Mann auf ihr. In diesem Moment kommt der Schaffner und fragt, wer die Notbremse gezogen hat.

Ich zeige auf die zwei Personen im Abteilgang. Ich gehe gleich auf den Schaffner zu und zeige ihm meinen Ausweis. Ich bin Hauptkommissar Deutelmosser und das Hauptwachtmeister Fleischauer, wir haben das Abteil gemietet, und zwar das ganze Abteil, und diese zwei Personen haben sich Zutritt verschafft."

Die zwei Herschafften haben sich inzwischen wieder aufgerappelt.

„Wenn sie die Notbremse gezogen haben ohne ersichtlichen Grund, müssen die Herrschaften zahlen. Bitte mitkommen."

„Aber nur weil der Hippie eine Pistole hat, Herr Schaffner."

„Polizisten haben meistens eine Pistole, also, mitkommen."

Ich höre nur noch: „Karl-Rüdiger, jetzt sag doch auch mal was!"

Ich schließe das Abteil und ziehe die Vorhänge zu. Ich denke mir, geschlossene Gesellschaft, setze mich auf meinen Platz und schaue Fleischi an, der ein Gesicht macht, als wäre er aus dem Koma erwacht. „Was ist jetzt denn mit dir los? Kein Hunger mehr, Fleischi?“

„Schau mich an, ich sehe aus, als hätte in die Hosen gemacht und alles deine Schuld.“

„Wieso meine? Du hast doch dein Fresskoffer gefüllt mit Delikatessen aus der ganzen Welt und lädst so ein arrogantes Pack in unser Abteil ein. Und für den Fresskoffer muss ich den Kopf hinhalten, nicht du! Ich habe dafür unterschrieben, damit du deinen Gelüsten frönen kannst.“

„Aber du hättest ja was sagen können, dass sie sich vom Acker machen sollen, aber nein! Du macht alles immer so melodramatisch. Das mit der Pistole hätte nicht sein müssen, Karle.“

„Ja, da gebe ich dir recht. Fleischi. Sind wir jetzt wieder gut?“

„Ja, alles wieder gut, lass uns den Rest vernichten, Karle!“

„Da bin ich dabei. Du kannst ja deine Tasche vor die Hose halten und ich laufe vor dir.“

„Genauso machen wir das, Karle.“

Und so sind wir uns mal wieder einig. Ich trinke also das Bier leer, hole mir ein zweites Bier und esse Pastete, Käse und zum Schluss Pannentone. Wir steigen in Ulm auf die Schwäbische Eisenbahn und ich laufe vor Fleischi, damit man seine Bierhose nicht sieht.

„Wenn wir in Ravensburg angekommen sind, Fleischi, dann fahre ich dich nach Hause. Du ziehst dich um und wie fahren nach Wolpertswende, ich brauche dich!“

„Ja, kein Problem. Gehen wir auch zur Simone?“, fragt er grinsend.

„Nein für so ein Gruscht han i keine Zeit, Fleischi.“

[Kapitel 7] – Pfarrei Wolpertswende

In Ravensburg angekommen fahre ich mit unserem froschgrünen Ford Fleischi nach Hause.

„Also ich warte hier im Auto. Zieh dich um, Fleischi."

„Ja, bin gleich wieder da, Karle."

Nach fünf Minuten steigt der Fleischi mit neuer Uniform in den Ford Frosch ein.

„Und? Was hat Helga gesagt?", möchte ich wissen.

„Die ist samstags immer um die Zeit Canasta spielen."

„Ja, dann haben wir ja Glück gehabt", sage ich und grinse dabei. „Die hätte dir den Rost runtergeholt."

„Ja, glaube ich auch, Karle."

„Dann nix wie weg hier, auf nach Wolpertswende."

Wir parken direkt vor der Kirche. Wir müssen uns noch kurz besprechen, Fleischi. Wie gehen wir vor? Das ist jetzt sehr heikel."

„Ich habe keine Angst vor einem Pfaffen, Verdammnis und ewiges Feuer und so ein Mist."

„Ja, das weiß ich doch, Fleischi. Also, wir nehmen keinen fest oder dergleichen. Ich habe noch nie einen Pfarrer verhört, besonders nicht bei der Beichte das wird interessant. Du wartest einfach an der Türe in dem Falle, dass er die Biege machen will."

„Ja, mache ich, Karle.“

Wir betreten die Kirche die Türe macht ein Geräusch als hätte sie hundert Jahre kein Öl bekommen. Die Türe fällt ins Schloss. Bumm. Alle in der Kirche drehen sich um. Es sind ungefähr 20 Personen, alles nur alte Frauen.

Ich gebe Fleischi ein Zeichen, dass er hier warten soll. Geradeaus ist der Altar und links die Kanzel und der Ausgang zur Sakristei. Links sehe ich einen Altar für Maria mit großen Leuchtern. Und rechts, ah, genau das Objekt, das ich suche, die Beichtstühle Es sitzen einige Frauen vor den Beichtstühlen. Ich laufe direkt an allen vorbei und setze mich ganz vorne hin direkt vor den Eingang des Beichtstuhles. Ich sehe einige düstere Blicke von den alten Beetmuckeln, einige machen das Kreuz und gehen, es herrscht eine gespenstische Ruhe. Ich warte, bis links der Platz in der Kammer frei wird. Immer mehr verlassen das Gotteshaus. Irgendwie komisch, finde ich. Ah, da kommt Jemand aus linken Kabine, eine ältere Dame mit Blumenhut und Stock und in gebückter Haltung. Sie schaut mich an, bekreuzigt sich, setzt sich in eine Kirchenbank und fängt mit dem Rosenkranz an zu beten. Ich öffne die Türe und gehe in die linke Beichtkammer.

Ich setze mich auf die Holzbank und warte. Nach wenigen Sekunden geht das kleine Fenster auf.

„Laudetur Jesus Christus“, sagt der Pfarrer zu mir.

„In perpetuum Amen“, gebe ich in Latein zurück.

„Oh, wie schön, ein Lateiner“, bekomme ich zu hören. „Wann war deine letzte Beichte, mein Sohn?“

„Oh, das ist lange her, Herr Pfarrer.“

„Und hast du die Stimme des Herrn missbraucht, mein Sohn?“

„Ja, fast täglich“, gebe ich zur Antwort.

„Und hast du falsch Zeugnis wieder deinem nächsten geredet?“

„Ja, habe ich.“

„Und warst du unkeusch, mein Sohn?“

„Nein, das nicht.“

„Dann fünf Ave Maria und fünf Vaterunser, mein Sohn. Und kann ich sonst noch was für dich tun?“

„Ja, erstens, das mit dem Sohn können Sie weglassen, ich bin nicht Ihr Sohn, und zweitens hätte ich jetzt ein paar Fragen, Herr Maier. Ich bin Kommissar Deutelmosser. Haben Sie Ihren Bruder ermordet oder ermorden lassen? Du sollst nicht töten, Herr Maier?“

Die Klappe geht zu und er geht nach draußen. Ich ebenfalls. Jetzt sehe ich den Pfarrer Maier zum ersten Mal. Er ist dem Toten wie aus dem Gesicht geschnitten, es sind eindeutig Brüder.

Er schreit mich an: „Fahre hinfort, du elendiger Sünder!“ Er läuft Richtung Marienaltar und schreit mich ständig an: „Weiche, Satan, weiche, Satan!“

„Fleischi, ich brauche Unterstützung!“, schreie ich. Fleischi steht direkt hinter mir.

Jetzt bewirft uns Maier mit Kerzen und schreit: „Hinfort, ihr elendigen Sünder!“

„Und was machen wir jetzt, Karle?“

„Los, festnehmen, Fleischi!“

„Bist du irre? Ich nehme doch keinen Pfarrer fest! Mach das gefälligst selber, Karle.“

„Ich kann das auch nicht, Fleischi!“

Die Kerzen fliegen uns nur so um die Ohren und immer „Sünder“ und „Satan“ und jetzt das Ganze noch auf Latein, der ist ja komplett durchgeknallt.

„Karle?“

„Ja, Fleischi?“

Oh mein Gott er schmeißt mit einer riesigen Kerze nach uns, die noch brennt. Wir gehen hinter der Bank in Deckung. Die Kerze schlägt hinter uns in die Bank ein.

„Irgendwas müssen wir jetzt machen, Fleischi!“

„Ich weiß doch auch nicht, was, Karle!“

Ich stehe wieder auf und rufe: „Herr Maier, lassen Sie das jetzt, wir sollten in Ruhe reden! Herr Maier, hören Sie auf damit!“

Und wieder greift er nach einer großen Kerze. Ich gehe abermals in Deckung und rufe: „Los, Fleischi, festnehmen, und zwar sofort!“

„Nein, das kannst du vergessen, das mache ich nicht. Ich halte mir jetzt die Ohren zu und warte, bis der Wahnsinn ein Ende hat.“

„Du bist mir ja eine schöne Hilfe!“

„Mir doch egal!“

Und immer noch fliegen die Kerzen. Ich stehe abermals auf und sehe, dass dem Pfarrer die Munition ausgegangen ist. „Also, Herr Maier, wir möchten nur mit Ihnen reden. Hat Ihnen Ihre Schwester nicht gesagt, dass ich mit Ihnen sprechen muss, über Ihren toten Bruder?“

Er steht da mit total entsetztem Gesichtsausdruck. Er greift zu dem riesigen Kerzenhalter und ruft: „Der Bannstrahl der Verdammnis möge dich treffen, du elendiger Sünder!“

Ich denke, oh mein Gott, so was habe ich noch nicht erlebt. Er wirft den riesigen Kerzenständer mit beiden Armen in unsere Richtung. Ich gehe wiederholt in Deckung, der Kerzenständer schlägt hinter uns krachend ein. Jetzt rennt er Richtung Sakristei.

„Auf geht's, Fleischi, der will abhauen!“

Aber Fleischi reagiert nicht. Ich nehme ihm die die Hände von den Ohren und schreie: „Fleischi, los jetzt, er will abhauen, ich brauche deine Hilfe.“

„Ja, gut, lauf voraus, ich bin hinter dir.“

„Also, manchmal bist du nicht zu gebrauchen Fleischi“, gebe ich, während ich laufe, zu verstehen.

„Mir doch egal“, bekomme ich als Antwort.

Wir laufen in die Sakristei. Dort angekommen sehe ich, dass die Türe vom Glockenturm offen ist.

„Da, Fleischi, er ist im Glockenturm, ihm nach!“

Wir steigen den Glockenturm nach oben, der nach unten hin offen ist und nur durch das Geländer der Treppe absturzgesichert ist.

Oben am Glockenturm angekommen stehen wir dem Pfarrer gegenüber. Nur die Glocken trennen uns. Er sieht total verwirrt aus. „Hinfort, ihr Sünder! Ich habe gesündigt.“

„Herr Pfarrer Maier, kommen Sie da weg. Lassen Sie uns bitte nach unten gehen und wir reden in aller Ruhe, haben Sie das verstanden? Fleischi, lauf du nach rechts ich nach links, so kommt er nicht vorbei!“

„Ja, mache ich, Karle.“

„Herr Maier, ich bitte Sie, kommen Sie da weg und kommen Sie bitte mit mir nach unten.“

„Jetzt redet er nur noch Latein, Karle. Was sagt er denn?“

„Du hattest doch auch Latein in der Schule, Fleischi!“

„Ja, aber ich habe immer von dir abgeschrieben.“

„Er betet, Fleischi, er betet. Herr Maier, lassen Sie uns bitte nach unten gehen und reden. Haben Sie mich verstanden?“

Er öffnet das Glockenturmfenster. Ich laufe zwei Schritte nach vorne Er steht vor dem Fenster und hält sich am Fensterladen fest und er betet immer noch wie in Trance. Ich bin noch zwei Schritte von ihm entfernt.

„Herr Maier, können Sie mich hören? Kommen Sie von dem Fenster weg, bitte.“

Er macht einen weiteren Schritt, er steht jetzt direkt im Fenster, wenige Zentimeter vom Abgrund.

Ich bin jetzt nur noch einen Schritt entfernt, er dreht sich zu Seite umklammert mit beiden Händen den Fensterladen. Der Fensterladen bricht aus der Wand und stürzt mit dem Pfarrer nach unten. Ich fange an zu fluchen. „Fast hätte ich ihn gehabt, Fleischi! So ein verdammter Mist."

„Du kannst nichts dafür. Der war ja wie von Sinnen, völlig durchgeknallt, vielleicht wollte er es so."

Wir schauen aus dem Fenster.

„Du, Karle was für eine Ironie, er ist auf dem Friedhof gelandet."

„Ja sieht nicht toll aus, Fleischi. Das sind mindestens 30 Meter. Lass uns nach unten gehen und ruf unsere Kollegen über Funk."

Wir laufen nach unten, in der Sakristei suche ich verzweifelt eine Decke. In einer Schublade finde ich eine. „Rufe du jetzt die Kollegen und einen Krankenwagen und bringe bitte Absperrband mit."

„Ja, mache ich Karle."

Ich laufe in den Friedhof. Nach wenigen Minuten stehe ich neben Pfarrer Maier. Ich fühle seinen Puls. Kein Puls mehr, stelle ich fest. Ich schließe seine Augen und lege die Decke über ihn. Ich setze mich auf eine Friedhofsbank.

Ich bin völlig fertig und mache mir Vorwürfe. Ich hätte nicht so forsch auftreten sollen.

Nach wenigen Minuten kommt Fleischi. „Kollegen und Krankenwagen sind unterwegs, Karle."

„Ja, danke, Fleischi."

„Du, Karle, es ist schon Ironie, dass ein Pfarrer auf seinen eigenen Friedhof fällt und zu Tode kommt. Schau mal, wo er liegt.“

„Was meinst du?“

„Dann komm mal her und lies, was auf dem Grabstein steht.“

Ich laufe zu Fleischi und lese: Dr. Xaver Pankratzt Veist, Pfarrer und Prälat, in Wolpertswende geboren, 12.01.1892 – gestorben 17.07.1969.“

„Ja, unglaublich, Fleischi.“

„Ist ja fast schon wieder lustig, Karle. Er fällt bei seinem Vorgänger aufs Grab.“

„Also, wir sollten den Friedhof absperren. Du nimmst den Haupteingang, ich dort den Nebeneingang und nimm ordentlich Flatterband, ich möchte keine Besucher hier auf dem Friedhof.“

Ich stelle mich an die Türe des Nebeneinganges und denke über alles nach, was gerade passiert ist. Mein Eindruck war, dass er sterben wollte, so, wie er den Fensterrahmen umarmt hat. Ich sollte mir keine Vorwürfe machen.

Nach fünf Minuten kommt der Fleischi zu mir.

„Was soll, denn das jetzt, Fleischi? Du sollst doch da drüben bleiben.“

„Ja, aber du hast Besuch. Am Haupteingang steht Simone, das Dorfblättle, und möchte mit dir reden. Wir tauschen die Plätze, Karle.“

„Gut, dann gehe ich an den Haupteingang und du bleibst hier.“

„Alles klar, Karle, du hast nicht zufällig was zum Essen da?“

„Nein, habe ich nicht. Du bist echt unglaublich. Wie kannst du jetzt ans Essen denken?“

„Ich denke immer ans Essen. Du kannst ja mal Simone fragen, ob sie eine Torte übrighat?“

Ich schüttle den Kopf und laufe zum Haupteingang, wo Simone steht.

„Hallo, Simone, du wolltest mich sprechen?“

„Ja, mein Liebster, ich habe dich vermisst.“

Ich denke, oh mein Gott, das Gesülze kann ich jetzt nicht gebrauchen.

„Was ist hier passiert, Karle?“

„Ja, Simone, ihr braucht einen neuen Pfarrer. Herr Pfarrer Maier hatte leider einen Unfall und ist verstorben.“

„Das ist ja schrecklich!“

„Ja, eine Tragödie ist das, Simone. Dir brennt doch was auf der Zunge, oder nicht?“

„Ja, genau, wollen wir das nicht bei einer Tasse Kaffee besprechen bei mir? Es gibt Zopf mit Marmelade.“

„Ja, in Ordnung, Simone bis später.“

„Bis später, mein Liebster.“

Ich denke, sie sieht ja schon nett aus und heute hatte sie Jeans angezogen. Wenn nur das Gesülze nicht wäre …“

Ich warte immer noch auf meine Kollegen, auf einmal steht eine alte Frau mit einem Gehstock vor mir und sagt, ich soll aus dem Weg gehen.

„Sie gehen nirgendwohin. Ich bin Polizist, hier ist ein Unfall passiert. Kommen Sie morgen wieder."

„Aus dem Weg, du Rüpel! Ich muss zu meinem Mann Blumen gießen. Polizist … das wird ja immer schöner, Sie sehen ja aus wie ein Papagei."

„Kommen Sie morgen wieder, Ihr Mann läuft Ihnen nicht weg, der ist morgen auch noch da."

Jetzt werde ich echt sauer. Sie fängt an, mit dem Stock auf mich einzuschlagen, ich wehre mich mit meinen Händen, sie schreit die ganze Zeit, „ich muss zu meinem Mann, weg da!".

Ich entreiße ihr den Stock und halte ihr meine Dienstmarke unter die Nase. „So, jetzt ist Schluss hier mit dem Gezeter, verstanden, gute Frau? Und jetzt verschwinden Sie."

Aus der Ferne höre ich schon, dass meine Kollegen und der Krankenwagen anrücken.

„Was ist mit meinem Stock?"

Ich gebe ihr den Stock zurück. „Und jetzt verschwinden Sie von hier."

Endlich geht sie. „Ich werde mich beim Pfarrer über Sie beschweren."

„Ja, das können Sie gerne machen, nur hören kann er Sie nicht mehr."

Endlich, meine Kollegen sind da, ich erkläre ihnen den Sachverhalt. Der Arzt bestätigt den Tod, ich erkläre ihm, was passiert ist und er stellt Totenschein aus.

„Wenn Sie den Leichenwagen rufen, lassen Sie den Toten in die Pathologie überstellen. Der Doktor Köster sollte sich den anschauen wegen Medikamenten- oder Drogenmissbrauch. Der war ja wie von Sinnen.“

„Ja, werde ich machen, Herr Deutelmosser.“

Ich laufe nochmal zu dem Toten, untersuche seine Taschen und finde einen Schlüsselbund. Ich nehme den Bund an mich. „So, jetzt könnt ihr ihn mitnehmen.“

Inzwischen hat sich das halbe Dorf am Friedhof versammelt, so ist mein Eindruck. Überall wird getuschelt und diskutiert. Nichts wie weg hier, ist mein Gedanke. Ich laufe zu Fleischi. „Du, Fleischi, ich habe eine gute Nachricht für dich.“

„Ja, was für eine Nachricht? Lass mich raten, du hast was zu essen organisiert, habe ich Recht?“

„Steht das auf meinem Gesicht, oder was?“

„Nein, das nicht, aber Simone auf dem Friedhof. Das riecht förmlich nach Kaffee und Kuchen bei Simone. Ich esse Kuchen, trinke Kaffee und du kannst Süßholz raspeln und rumturteln.“

„Du bist einfach unglaublich, Fleischi. Wenn du Essen riechst, kannst du ja richtige Schlussfolgerungen ziehen, nicht zu fassen.“

„Laber nicht, Karle! Führ mich zum Kuchen! Was gibt es denn heute?“

„Zopf mit Marmelade."

„Perfekt, der Tag ist gerettet." Er reibt sich die Hände und zieht ein fettes Grinsen.

Wir laufen zu Simones Haus. Ich klingle an der Türe und sofort geht die Türe auf, als ob sie wieder hinter der Türe gewartet hätte, was mir Unbehagen bereitet.

„Hallo, ihr zwei, da seid ihr ja, ich habe auch euch schon erwartet. Ihr kennt ja den Weg ins Wohnzimmer, ich komme gleich mit dem Kaffee."

Im Wohnzimmer angekommen setzt sich Fleischi gleich auf den Sessel. Für mich bleibt nur das Sofa, was mir ein ungutes Gefühl gibt.

„Schau mal, Karle, alles da, Zopf, Butter, Quittenmarmelade, Erdbeermarmelade und Honig, jetzt fehlt nur noch der Kaffee. Perfekt."

„Ja, das sehe ich auch, Fleischi. Willst nicht lieber du auf dem Sofa sitzen?"

„Nein, das passt so. Ihr zwei Turteltauben da drüben, ich hier, ganz nah beim Zopf", sagt er und fängt an zu lachen.

„Ich finde das nicht lustig, Fleischi."

„Ich schon, Karle."

Und da kommt auch schon Simone mit dem Kaffee. Sie schenkt uns ein. „Ihr bedient euch selber, ja?"

„Das lasse ich mir nicht zweimal sagen, Simone." Fleischi schneidet sich wagenraddicke Scheiben runter. Simone setzt sich zur mir auf das Sofa und legt ihre Hand auf meinen Oberschenkel und schaut mich an, als würde sie gleich über mich herfallen.

„Und? Was für Informationen hast du denn für uns, Simone?“

„Also ich war wie immer beim Blumen gießen gegenüber vom Pfarrhaus und da habe ich gesehen, wie der Pfarrer, Gott habe seine Seele gnädig, und seine Schwester einen heftigen Streit hatten. Ich Konnte leider nicht hören oder von den Lippen ablesen, worum es ging.“

„Und wann war das?“

„Gestern Nachmittag, so um 15 Uhr.“

„Ah, interessant, und was ist dann passiert?“

„Der Pfarrer hat dann das Pfarrhaus verlassen, aber das Interessante kommt noch, Karle, gegen 17 Uhr haben die Frau Maier und ihr Sohn das Haus verlassen, mit zwei Koffern und Taschen, und sind mit einem Taxi weggefahren.“

„Konntest du dir das Nummernschild merken oder welches Taxiunternehmen es war?“

„Ja, das Taxi war von Taxi Seifried Ravensburg.“

„Danke, Simone, und du hast zwei Stunden die Blumen gegossen?“

„Ja, ich dachte mir, ich beobachte das Haus noch ein wenig. Ich mache das nur für dich, mein Lieber Karle.“ Sie schaut mich schmachtvollem Blick an und formt den Mund so komisch. Nee, küssen auf keinen Fall, denke ich mir.

„Und, Fleischi, schmeckt es dir?“

„Ja, superlecker, Karle. Probiere doch auch mal."

„Ja das mache ich." Ich schneide mir ein Stück runter und nehme Butter und Quittenmarmelade, so kann ich Simone ein wenig entfliehen. Ich trinke Kaffee und esse meinen Zopf. Simone hat meinen Oberschenkel fest im Griff.

„Und, Karle, wie ist der Pfarrer ums Leben gekommen?"

„Er ist aus dem Kirchturmfenster gefallen."

„Was wollte er denn da oben? Das ist doch alles morsch und verfallen. Die Sanierung vom Kirchturm sollte demnächst beginnen."

„Aha, und er wusste davon?"

„Ja, klar, ging ja alles von ihm aus. Spendenaktion und Geld sammeln, er hat die Gemeinde informiert über den maroden Zustand."

„Danke, Simone, für die Infos, wir müssen noch das Pfarrhaus durchsuchen und sollten jetzt gehen."

„Was, jetzt schon? Wollt ihr nicht bleiben?"

„Nein, es geht nicht."

„Aber das mit dem Tanzen hast du nicht vergessen, oder?"

„Nein habe ich nicht. Am besten, du Rufst mich an. Auf geht's, Fleischi, zurück an die Arbeit."

„Ich habe doch erst drei Stücke Zopf gegessen, Karle."

„Keine Wiederrede, auf, hoch mit dir."

„Immer wenn es am schönsten ist! Du bist echt eine Spaßbremse."

„Wir müssen noch was tun, Fleischi.“

Wir verabschieden uns von Simone sie gibt mir einen Kuss auf die Backe und sagt zu mir, „bis dann, mein Liebster“.

„Ach ja, meine Liebe Simone, fast hätte ich es vergessen. Du solltest am Montag aufs Präsidium kommen und deine Aussage zu Protokoll geben.“

„Ja, werde ich machen, mein Liebster.“ Sie wirft mir einen Kuss zu. Ich denke, nichts wie weg hier.

„So, was machen wir nun, Karle.“

„Wir schauen uns den Kirchturm an, ob der wirklich so marode ist, wie uns Simone erzählt hat. Das ist gut für mein Gewissen. Und wir durchsuchen das Pfarrhaus.“

„Wenn sein muss?“

„Ja, es muss sein, auf jetzt. Außerdem hast du alter Entenklemmer Kaffee und Zopf umsonst bekommen.“

„Du weißt ja, en geschenkten Gaul gugt me it ins Maul.“

„Und ich habe gerade eben Blut und Wasser geschwitzt, ein wenig mehr Dankbarkeit und Motivation wäre jetzt hilfreich.“

„Ja, das war lustig. Wenn ich nicht dabei gewesen wäre, dann wärst du fällig gewesen. Sie hätte dir die Kleider vom Leib gerissen.“

„Ich finde das überhaupt nicht lustig, Fleischi.“

„Ich schon, Karle.“ Er fängt laut an zu lachen. „Du tust mir ja richtig Leid, Herr Hauptkommissar Deutelmosser, du alter Casanova.“

„Könnte der Hauptwachmeister Fleischhauer wieder normal sein und seine Arbeit machen?“

„Also auf in den Kirchturm, Casanova.“

Wir machen uns also auf den Weg Richtung Kirchturm und laufen durch den Seiteneingang nach oben, ich habe ja die Schlüssel. Bin natürlich zuerst oben, der Fleischi schnauft wie ein altes Walross, als er oben angekommen ist.

„Gib mir fünf Minuten, Karle, erst verschnaufen.

„Ich frage mich, wie du durch denn Polizeifitnesstest kommst, Fleischi?“

„Das, Karle, bleibt mein großes Geheimnis.“

„War ja klar.“

„Also schauen wir mal.“ Ich schaue mir das Fenster an, das aus der Wand herausgebrochen ist, und sehe, dass alles marode ist. Auch die anderen Fenster sehen nicht besser aus, auch der Balken, an dem die Glocken hängen, scheint mir nicht mehr sicher.

„Also stimmt das, was Simone gesagt hat, Fleischi.“

„Ja, genau, ist uns vorher gar nicht aufgefallen. Nichts wie weg hier, Karle, bevor noch einer runterfällt.“

„Ja, gehen wir nach unten und ins Pfarrhaus.“

Dort angekommen … „Wonach suchen wir eigentlich, Karle?“

„Kontoauszüge, Visitenkarten, Geld Schmuck, Waffen, Vielleicht ein Kälberstrick, alles, was ungewöhnlich ist. Du suchst unten, ich oben."

„Alles klar, Casanova."

Er geht mir jetzt aber richtig auf den Zeiger, der Fleischi.

Ich fange oben an zu suchen, fange mit dem Schlafzimmer vom Pfarrer an und finde bisher nichts Ungewöhnliches. Ich hebe die Matratze an und finde Pornohefte. Schau an, wundern tut mich das nicht mehr als Polizist. Also war der Pfarrer Maier nicht ganz so fromm und heilig, eher scheinheilig. Im Nachttisch finde ich Antidepressiva und andere Tabletten, also hatte ich recht. Ich schaue in dem Zimmer von Frau Maier, das Zimmer ist leer. Keine persönlichen Dinge mehr, alles weg, auch das Zimmer von ihrem Sohn, alles leer. Ich denke, die Ratten verlassen das sinkende Schiff. Ich laufe auf den Dachboden, auch hier nichts Ungewöhnliches. Kreuze, Heiligenfiguren, bis auf eine Kiste mit Deckel, die ist nicht von hier, auf dem Deckel steht Reederei Hansmann Hamburg. Ich öffne die Kiste und finde eine Uniform, Bücher und Kälberstricke. Schau an, im Deckel ist ein Name, Torben Maier,

Oha jetzt haben wir unseren Mörder, denke ich. Ich finde Fotos von der Marinezeit des Herrn Torben Maier und zähle die Kälberstricke, es sind genau noch sieben Stücke und es sind die Gleichen wie von unserem Mordopfer. Bingo! Und noch was, ich finde Patronen zu einer 9-mm-Pistole. Also ist der Torben Maier bewaffnet, das kann ich jetzt echt nicht gebrauchen, einen bewaffneten Verdächtigen. Ich packe die Kiste und trage sie nach unten ins Erdgeschoss.

Im Wohnzimmer treffe ich Fleischi. „Und? Hast du was gefunden?"

„Ja, habe ich, und du?"

„Ja, ich auch, und wer fängt an? Du oder ich?"

„Ich möchte anfangen, Karle."

„Warum du? Gut, lass uns Schnick Schnack, Schnuck spielen. Wer gewinnt, fängt an."

„Also gut."

Fleischi gewinnt, er gewinnt fast immer, war schon in der Schule so.

„Also, was hast du, Fleischi?"

„Die sind wohl auf und davon, nichts Brauchbares gefunden, war mein Eindruck, und als ich so am suchen bin, bekomme ich Hunger."

„Wen wunderts, Fleischi, du hast immer Hunger. War das jetzt das, was du gefunden hast? Deinen Hunger?"

„Jetzt lass mich bitte ausreden, immer das gleiche mit dir."

„Ja, jetzt sag schon, spann mich nicht auf die Folter, Fleischi."

„Also ich hatte Hunger und war auf der Suche nach was Essbarem, da bin ich Unerbittlich. Bin in die Küche, auf dem Feuerherd steht noch ein Topf mit Gulaschsuppe, die kalt war, aber super schmeckt. Habe sie probiert. Ich dachte mir, die mache ich warm."

„Du hast eine Gulaschsuppe entdeckt?"

„Jetzt lass mi ausreden, Herrgott no e male. Also habe ich Feuerholz, Feuerzeug und Zeitung gesucht und habe alles gefunden. Wollte ja im Herd ein Feuer machen, und als ich mit dem Feuerhaken den Deckel öffne, finde ich das hier, angebrannte Kontoauszüge, hat wohl nicht ganz geklappt, Schau mal, wer Kontoinhaber ist. Nur Maier aber welcher? Und die Kontonummer ist noch zu lesen und schau mal den Kontostand: 627,544 DM. Wenn das kein Motiv ist, Karle, dann weiß ich auch nicht. Vielleicht hat die alte Schabracke ihren Buder umgebracht. Weißt, was lustig ist? Wenn das Geld dem Pfarrer gehört hat, dann war er heute bestimmt der Reichste auf dem Friedhof."

„Ein bisschen makaber, der Witz, findest du nicht?"

„Nein, überhaupt nicht, Karle." Er grinst dabei über beide Backen. „Und was hast du, Karle?"

„Ich habe hier eine Seekiste, Vielleicht von unserem Mörder."

„Kannst du einen Augenblick warten, Karle, ich muss nach meiner Gulaschsuppe schauen."

„Also ist dein Essen wichtiger als meine Erkenntnisse?"

„Ja, zuerst das Essen, dann meine Frau, dann du, Karle, also bis gleich.“ Er lässt mich stehen wie bestellt und nicht abgeholt, mir fällt dazu nichts mehr ein. Er schreit durch das Haus: „Essen ist fertig, kommst du?“

Ich komme in die Küche und auf dem Küchentisch stehen die Gulaschsuppe und zwei Teller und zwei Löffel.

„Das ist jetzt nicht dein Ernst, Fleischi?“

„Doch, mein voller Ernst, die leckere Suppe verkommen lassen? Wäre doch schade darum, also setz dich und erzähle mir beim Essen, was du gefunden hast.“

Ich füge mich, ein wenig Hunger überkommt mich schon.

„Im Brotkasten war noch Bauernbrot, wäre schade darum, oder nicht, Karle?“

„Ja, schon.“ Ich bin geistig immer noch geplättet von so viel Unverfrorenheit. Ach, was solls, esse ich eben die Suppe. Also fangen wir an zu essen.

„Also, du hattest Recht, die Schabracke konnte kochen, echt lecker.“

„Ja, sage ich doch, Karle.“

„Du weißt schon das wir die Suppe von Pfarrer Maier essen?“

„Ja, klar weiß ich das. Wäre doch jammerschade um die Henkersmahlzeit, weil essen kann er sie nicht mehr. Also, was hast du entdeckt?“

„Also, diese Kiste gehört Torben Maier, er war bei der Marine und ist zur See gefahren und die restlichen Kälberstricke waren auch in der Kiste und er ist bewaffnet, Fleischi. Also haben wir mehr als einen Mörder.“

„Du darfst die Rocker nicht vergessen und den Immobilienhändler aus Stuttgart.

„Der ist ganz oben auf meiner Liste. Ja, wir sollten die Sachen noch in die Spurensicherung bringen, dann versiegeln wir das Haus noch und wir sind für heute fertig.

„Ja, machen wir, Karle. Weißt du, was hier fehlt? Ein Bier.“

„Ja, da gebe ich dir recht. Eine schöne Halbe wäre perfekt, Fleischi. Lass uns den Topf leeren, dann machen wir uns vom Acker.“

Wir laden das ganze Beweismaterial in unseren froschgrünen Ford, fahren ins Präsidium und bringen die Sachen zu Reinhold in die Spurensicherung. Ich hinterlasse ihm noch eine Nachricht, dass er alles auf Fingerabdrücke untersuchen soll und meine Abdrücke auch auf der Kiste sind.

So, jetzt muss herausfinden, wer hinter der Kontonummer steckt. Ich weiß auch schon, wer mir da helfen kann. Mein Vetter, Franz Deutelmosser. Er ist der Abteilungsleiter bei der Sparkasse in Ravensburg.

Ich rufe ihn an und erkläre ihm die ganze Geschichte am Telefon. Er gibt mir zu verstehen, dass er mich zurückrufen würde.

Nach ca. 30 Minuten kommt der Rückruf. „Das Konto gehört Johannes und Maria Maier. Frau Maier hat Dienstag eienn Termin in der Bank. Sie möchte ihr Konto auflösen und das ganze Geld in bar mitnehmen."

Ich gebe Franz die Anweisung alle Kundentermine abzusagen und dass am Dienstag nur eine Notbesetzung da sein sollte. Die Schalterbeamten werden durch Polizisten ersetzt. Ich bedanke mich bei Franz und lege auf.

„Hast du das gehört, Fleischi? Die alte Schabracke will sich vom Acker machen."

„Ja, war doch logisch, oder nicht?"

„Jetzt können wir endlich den Fall abschließen, Fleischi. Doch jetzt fahre ich dich erstmal nach Hause!"

Als wir bei ihm angekommen sind, verabschiede mich. „Dann bis Montag, Fleischi!", und fahre nach Hause.

[Kapitel 8] – Krankenhaus

Zu Hause angekommen wartet schon mein Kater auf mich, der hat wohl Hunger. Ich gebe ihm eine extragroße Portion, danach packe ich meinen Koffer aus, setze mich auf meine Terrasse und trinke ein schönes kaltes Bier. Ich bin hundemüde und gehe ins Bett, bevor ich auf der Terrasse einschlafe.

Am nächsten Tag erwache ich erst gegen 10 Uhr. Oha, 13 Stunden geschlafen, so was ist mir lange nicht passiert. Ich mache mir einen Kaffee und sitze in der Küche, denke nach, ich sollte dringend meine Fäden am Hintern und an der Hand ziehen lassen, auch Berichte sollte ich noch schreiben. Am Sonntag arbeiten, wenn das meine Oma wüsste, am Sonntag arbeiten, das würde Ärger geben. Ach, was solls.

Ich gehe Duschen, ziehe mich an und mache mich auf in die Notaufnahme, ins Städtische Krankenhaus. Von denen habe ich die Fäden bekommen, also können sie die auch ziehen. Ich parke natürlich im Halteverbot direkt vor dem Krankenhaus und lege mein Blaulicht auf das Armaturenbrett. Ich laufe direkt in die Notaufnahme und wer ist wieder da? Oberhaubentaucher Schwester Kreszentia.

„Sie schon wieder, Herr Deutelmosser?“

„Ja, ich schon wieder.“

„Was können wir heute für Sie tun?“

„Meine Fäden sollten gezogen werden.“

„Sollte das nicht Ihr Hausarzt machen?“

„Ich habe keinen Hausarzt, Schwester Kreszentia. Ich war seit Jahren nicht beim Hausarzt.“

„Gut, gehen Sie da rein, ausziehen und den Kittel anziehen.“

„Muss das sein, den Leichenkittel anzuziehen, Schwester Kreszentia?

„Ja, das muss sein. Stellen Sie sich nicht so an. Sie sind schlimmer als ein Kind.“

Ich denke, sie muss ja auch nicht ihren Hintern zur Schau stellen. Den will ich auch nicht sehen. Mich schüttelt es bei dem Gedanken.

„Also, wenn sie meinen …“

„Ja das hat alles seine Ordnung, Herr Deutelmosser.“

Oh Mann, geht die mir auf den Zeiger.

„Frau Doktor Kommt gleich.“ Auch das noch, Frau Doktor … Also ziehe ich im Arztzimmer den Kittel an, wo der Hintern rausschaut und der Kittel ist mir viel zu klein, unten rum ist alles frei, untenrum ziehts gewaltig, da könnte ich auch nackt rumlaufen. Das hat die bestimmt mit Absicht gemacht. Also lege ich mich auf die Liege und warte. Nach zehn Minuten kommt Frau Doktor Schmidt herein, gefolgt von General Haubentaucher.

„Ah, ein Stammgast im Städtischen. Hallo, Herr Deutelmosser, was kann ich für Sie tun?“

„Die Fäden sollten gezogen werden.“

„Normalerweise macht das der Hausarzt, aber weil Sie ja einen Mörder fassen müssen und ein Freund von Georg sind, mache ich das jetzt."

„Vielen Dank, Frau Doktor Schmidt."

„Also zuerst die Hand, dann den Hintern. Gut, dann fangen wir an."

Die ganze Prozedur ist mir unangenehm. Nach fünf Minuten ist die Hand fertig.

„So, umdrehen, Herr Deutelmosser. So, das könnte jetzt wehtun."

Ja, und wie! Ist die irre? Sind das Schmerzen …

„So, fertig. Schwester Kreszentia wird Sie noch einmal verbinden."

„Vielen Dank, Frau Doktor Schmidt."

„Bis zum nächsten Mal, Herr Deutelmosser."

Sie verlässt den Raum und ich bin alleine mit General Haubentaucher.

„Ich verbinde jetzt Ihre Hand. Los, umdrehen und hinsetzen."

Wie auf dem Kasernenhof, denke ich. Als ich mich hinsetze … oh Mann, verdammter Mist, tut das weh.

„So, fertig, auf den Bauch legen."

„Jawohl, Herr General", gebe ich trotzig zurück.

„Werden Sie nicht frech, Herr Deutelmosser."

Hat die Alte einen Knall? Sie verpasst mir ein paar Pflaster und haut mir auf meine linke Arschbacke.

„War doch gar nicht so schlimm. Der Herrgott möge Sie schützen. Bis zum nächsten Mal. Sie können sich wieder anziehen, Herr Deutelmosser."

Schwester Kreszentia verlässt den Raum. Was ein Albtraum, denke ich. So was ist mir auch noch nicht passiert. So, jetzt erstmal ins Büro und meine Berichte schreiben, essen sollte ich auch noch was, habe einen Bärenhunger.

Im Büro angekommen finde ich einen Bericht von unserem verdächtigen H&H-Immobilien-Fuzzi. Hans Hansen ist sein Name. Er hat zweimal gesessen wegen Betrug und verschleppter Insolvenz und Widerstand gegen die Staatsgewalt. Ich wusste es doch, dass der Dreck am Stecken hat, es liegt auch ein Bericht vor von unseren zwei Rockerhelden. Die haben, so scheint es, ein Alibi. Sie waren jahrelang in Italien untergetaucht. Der verdächtige Mike Siebert ist verheiratet mit einer Italienerin.

Ah, interessant, denke ich. Aber der Bericht der Zeugenbefragung aus Italien steht noch aus. Montag muss ich dringend mit dem Staatsanwalt telefonieren ich brauche drei Haftbefehle und Taxi Seifried muss ich auch befragen.

Ich mache meine Berichte fertig. So gegen 17 Uhr verlasse ich das Präsidium und fahre direkt zum scharfen Eck.

Ich setzte mich gleich an den Stammtisch. In der Wirtschaft ist fast nichts los. Das Wetter war so gut heute und jetzt fängt es gerade wie aus Eimern an zu regnen. Ich bestelle mir bei Rosi einen Fleischkäse mit Bratkartoffeln, dazu einen gemischten Salat und ein Weizenbier. Das hatte ich schon lange nicht mehr.

Nach zehn Minuten kommt mein Essen, ein Genuss. Nach weiteren zwei Weizen fahre ich mit meinem froschgrünen Ford nach Hause. Es regnet immer noch wie aus Eimern. Ich vermisse meine Ente Daisy. Montag bin ich wieder mit ihr unterwegs, die passt besser zu mir.

Zu Hause angekommen sehe ich, dass meine Schuhe alle draußen stehen und ich kann durch meine Fenster sehen. Die waren heute Morgen noch dreckig! Ich öffne die Türe und es riecht nach Meister Proper. Es ist alles geputzt und aufgeräumt! Ich frage mich, wo meine schöne Unordnung hin ist!

Zuerst laufe ich in die Küche und bin entsetzt! So gut sah es hier noch nie aus.

Mir ist sofort klar, wem ich das zu verdanken habe. Fleischi und Simone! Fleischi hat ihr bestimmt verraten, dass der Haustürschlüssel unter dem Blumentopf liegt.

Im Herd sehe ich Essen. Ich öffne den Herd und finde Kässpätzle. Ist ja nett gemeint von ihr, aber mir fehlt meine gewohnte Unordnung. Ich esse ein wenig davon. Es schmeckt lecker.

Danach laufe nach oben in mein Schlafzimmer.

Oh Gott, ich bin entsetzt. Das Bett ist frisch überzogen. Das wäre ja nicht so schlimm. Sie hat mein

Bett mit Rosenbettwäsche überzogen. In ROSA! Dazu liegen noch Kissen in verschieden Größen und Rosatönen auf meinem Bett. Die haben auch alle Rosen drauf!

Ach nee, warum denn so was? Davon bekomme ich ja Augenkrebs!

Auf dem Bett liegt ein Brief.

Lieber Karle,

ich habe den ganzen Tag auf dich gewartet, mein Liebling. Ich habe deine Wäsche gewaschen, deine Hemden gebügelt, Fenster geputzt und den Boden geschrubbt. Wenn es so dreckig in deiner Wohnung ist, könnte ich nicht bei dir leben. Hier ist noch viel zu tun, aber ich bin jetzt müde und gehe nach Hause. Schlaf gut, mein Liebster.

Ps: Die Katze muss verschwinden ich bin allergisch gegen Katzen!

Spinnt die?, ist mein Gedanke. Carlos weggeben, nur über meine Leiche! Ich muss mir einen anderen Platz für meinen Haustürschlüssel suchen.

Unten höre ich meinen Kater kratzen. Ich laufe nach unten und öffne die Katzenklappe. Schwupp, ist Carlos in der Küche. Natürlich bekommt mein Kater noch was zu fressen, dann seine Streicheleinheiten und danach gehe ich ins Bett.

[Kapitel 9] – Sparkasse

Als ich am nächsten Morgen erwache, muss ich sagen, dass ich sehr gut geschlafen habe in meinem nach Rosen duftenden Bett. Ich gehe ins Bad und mache mich fit für den Tag, duschen und ich mache mir die Haare schön. Das ist für mich ganz wichtig, dafür brauche ich alleine 20 Minuten bei der Haarpracht.

In der Küche mache ich mit einen Kaffee und schaue nach draußen, es muss heute Nacht geregnet haben. Ich packe mir den Rest von den Käsepätzle ein und gebe meinem Kater noch was zu fressen. Hole meine Walter PPK aus dem Kühlschrank, und mache mich auf den Weg. Ich öffne die Haustüre und sehe, dass ich meine Schuhe vergessen habe! Sie sind jetzt alle nass, so ein verdammter Mist, der Tag fängt ja gut an. Ich werfe meine Schuhe alle in Hausflur und schließe meine Haustüre. Auf ins Präsidium.

Dort angekommen es ist zwischenzeitlich schon 9 Uhr. Ich muss mich sputen, sollte heute dringend mit dem Chef reden wegen Donnerstag. Als ich die Türe von unserem Großraumbüro öffne, kommt mir Rudi entgegen. „Du, Karle, dicke Luft. Der Chef ist am kochen und sitzt an deinem Platz. Der ist auf 180.“

„Danke, Rudi.“

Verdammter Mist, das kann ich jetzt echt nicht gebrauchen. Ich laufe also direkt in mein Büro.

„Guten Morgen, Chef, Sie an meinen Platz?"

„Ja, Herr Deutelmosser, seit einer Stunde warte ich schon hier."

„Das finde ich aber nett, dass Sie so lange auf mich warten Chef. Dann muss es ja wichtig sein!"

„Werden Sie bloß nicht frech. Sie bekommen jetzt was zu hören, das es sich gewaschen hat."

„Worum geht es denn?"

„Das kann ich Ihnen sagen."

Er steht auf, sein Kopf läuft rot an. Ich glaube, gleich explodiert er.

„Ich habe heute Morgen Post von der Rechnungsprüfung bekommen mit der bitte um Aufklärung. Ich habe hier die Rechnung von Ihrem Hotel, in dem Sie untergebracht waren!" Er schreit jetzt, dass die Lampen wackeln. „1022,55 DM! Sind Sie noch zu retten? Hat Ihnen einer ins Gehirn geschissen? Ich lese mal vor: Vier Dosen russischer Kaviar, französische Pastete, belgisches Bier, Panettone aus Italien, Champagner aus Frankreich, Schweizer Schokolade, italienischer Schinken, belgische Pralinen, Lübecker Marzipan etc. Ja, sind Sie noch zu retten? Das müssen Sie selbst bezahlen." Er holt sich sein Taschentuch und wischt sich den Schweiß von seiner Stirn ab.

„Dürfte ich etwas zu meiner Vereidigung sagen, Chef?"

„Ja, ich bitte darum, Herr Deutelmosser."

„Können wir das in Ihrem Büro fortsetzen, Chef?"

„Ja, wenn Sie das möchten, dann folgen Sie mir."

Beim Aufstehen sehe ich, dass uns alle Kollegen zugesehen haben. Ich schaue in die Runde, auch aus der Wache sind welche dabei. Ist ja wie beim Theater, denke ich.

Auch unserem Chef ist das aufgefallen. „Haben Sie nichts zu tun? An die Arbeit, und zwar pronto."

Im Büro angekommen: „Und was haben Sie zu Ihrer Verteidigung zu sagen, Herr Deutelmosser?"

„Also, Chef, schauen Sie bitte mal auf die Zimmernummer, von welchem aus die Sachen bestellt wurden. Ich hatte die Zimmernummer 714 und Kollege Fleischhauer 716."

Er schreit auf einmal los: „Fleischhauer!"

„Sie glauben doch nicht im Ernst, dass ich so was esse, Chef."

„Das hätte ich mir ja gleich denken können, dass Herr Fleischhauer dahintersteckt. Aber Sie haben dafür unterschieben."

„Ja, das habe ich. Hätte ich Zechpreller spielen sollen? ich wusste davon nichts, Chef. Und was machen wir jetzt? Können Sie das nicht unter den Tisch fallen lassen und irgendwie anders lösen?"

„Sind sie irre?"

„Wenn Sie das irgendwie lösen können, dann werde ich in meinem Bericht den Namen Ihres Bruders nicht erwähnen."

„Wie, mein Bruder? Wie soll ich das verstehen?“

„Ihr Bruder hat mit seinem Taxi den verdächtigen Jugoslawen Topalovic in Bregenz abgeholt und nach Hause gefahren, ihn mit Falschgeld bezahlt und 100 DM Trinkgeld gegeben, die ebenfalls falsch waren. Somit hat Ihr Bruder Falschgeld in Umlauf gebracht und außerdem dem Verdächtigen ein Alibi gegeben.“

„Ist das so? Mmmhhh, Herr Deutelmosser, Sie sind einer der fähigsten Beamten, sozusagen das beste Pferd im Stall.“

Oh, jetzt geht das Geschleime wieder los.

„Ich möchte, dass es auch so bleibt. Sie lassen den Namen weg in Ihrem Bericht und ich finde einen Weg mit der Rechnung, einverstanden?“

„Ja, genau so machen wir das, Chef. Aber ich habe da noch was.“

„Ja, was denn noch? Am Donnerstag brauche ich so viele Beamte, wie ich kriegen kann, wir verhaften Frau Maier und ihren Sohn Torben Maier, der bewaffnet ist. Frau Maier will ihr Konto auflösen und über 600.000 DM mitnehmen. Ich brauche Straßensperren und Beamte in zivil. Ich würde gegen 11 Uhr eine Dienstbesprechung abhalten und eine Einsatzplanung. Und ich würde es begrüßen, wenn Sie bei der Einsatzplanung dabei wären!“

„Gut um 11 Uhr im großen Besprechungsraum.“

Ich verlasse das Büro, gehe wieder zurück an meinem Platz und rufe in die Runde, dass um 11 Uhr große Einsatzbesprechung ist. „Weiß einer von euch Naseweisen, wo der Fleischi ist?“

„Ja, der ist im Hock-Raum.“

„Danke dir, Manfred.“ Wo auch sonst? Ich nehme meine kalten Kässpätzle mit und auf in den Hock-Raum. Dort angekommen sehe ich Fleischi beim Vespern.

„Guten Morgen, Fleischi. Na, was gibt es heute bei dir?“

„Guten Morgen, Karle. Also, bei mir gibt es heute mal wieder Fleischküchle und Kartoffelsalat.“

„Bei mir gibts heute Kässpätzle, kalt, von gestern.“

„Aber die hast du nicht selber gemacht?“

„Nein sind übrig von Simone. Die hat gestern mein Haus auf den Kopf gestellt und gekocht.“

„Aha, das habe auch schon gehört.“

„Wie darf ich das verstehen?“

„Simone hat gestern bei meiner Helga angerufen und ihr alles erzählt.“

„Und jetzt hängt der Haussegen schief, Fleischi?“

„Ja, mehr als das. Ich musste auf dem Sofa schlafen, und jetzt das noch mit der Rechnung vom Hotel. Bin echt gefrustet, Karle.“

„Aber das mit der Rechnung ist vom Tisch. Ich habe das geklärt Fleischi. Da musst du dir keine Sorgen machen.“

„Echt jetzt? Wie hast du das hinbekommen?“

„Das bleibt mein Geheimnis, Fleischi, und jetzt lass uns zu Ende vespern. Um 11 Uhr ist Einsatzbesprechung wegen Donnerstag. Und heute Mittag holen wir uns den Immobilien-Fuzzi Hans Hansen. Ich werde einfach einen Termin mit ihm ausmachen in seinem Büro, gebe mich als Bauunternehmer aus. Was hältst du davon?“

„Ja, gute Idee, Karle.“

„So, jetzt gehen wir aber zur Einsatzbesprechung. Auf gehts, Fleischi.“

Als wir im Besprechungsraum ankommen, sind ungefähr 25 Personen anwesend. Unser Chef wartet schon, ich laufe nach vorne ans Pult.

„Guten Morgen, liebe Kollegen. Schön, dass ihr alle da seid. Morgen ist ein großer Tag. Wir werden zwei Verdächtige festnehmen, die des Mordes an Josef Maier dringend tatverdächtig sind. Es handelt sich dabei um Maria Maier und Torben Maier, wobei Torben Maier bewaffnet ist. Ich habe hier zwei Fotos. Ich hänge sie hier an die Pinnwand, prägt euch die Gesichter gut ein.“ Ich schalte den Overhead Projektor ein. „Ich zeichne euch jetzt den Grundriss der Schalterhalle auf. Im Schalterraum werden sich keine Kunden befinden und auch das Personal ist auf ein Minimum reduziert. Ich brauche drei Freiwillige: einer, der einen Schalterbeamten spielt, und zwei, die Kunden spielen. Also wer meldet sich freiwillig?“

„Also, ich mache den Schalterbeamten“, meldet sich der Chef.

„Aber, Chef!“

„Kein Aber, Herr Deutelmosser, schließlich bin ich auch Kommissar.“

„Gut, wie Sie meinen. Das heißt Anzug und Krawatte, Chef.“

„Also wie immer.“

„Gut, wer mimt die zwei Kunden in Zivil?“

Rudi meldet sich und der Manfred .

„Perfekt ihr seid in Zivil und natürlich bewaffnet und steht hier an der Info und füllt Überweisungen aus. Hier, der ganz linke Schalter wird offen sein. Fleischi und ich sind hinter dem Schalter versteckt. Wir würden das gerne selbst machen, aber unsere Visagen sind leider bekannt. Wir brauchen Straßensperren Richtung Marienplatz, Seestraße und Richtung Hirschgraben, natürlich erst wenn die zwei Verdächtigen die Bank betreten haben. Das wird um 10 Uhr morgens sein. Wir beziehen unsere Posten um 9 Uhr. Von der Schusswaffe ist Gebrauch zu machen, wenn um Leib und Leben geht. Die Übergabe des Geldes wird ein wenig dauern. 600.000 DM, das dauert eine Weile. Ich möchte, dass alle ein Funkgerät dabeihaben, außer die, die Kunden spielen. Kanal 3 ist unsere Frequenz. Zugriff erfolgt mit gezogener Waffe. Wenn Frau Maier das Geld hat und die Bank verlassen will, ich gebe das

Kommando Mit dem Wort Zugriff. Hat einer noch Fragen?“

„Ja, ich“, meldet sich Rudi zu Wort. „Wie sieht es im ersten Stock aus? Sind da noch Personen wegen Geiselnahme und so?“

„Nach oben ist kein Zugang möglich. Die große Türe oben ist verschlossen. Noch wer fragen? Keine mehr? Dann morgen früh hier um 8 Uhr 30 nochmals alle, falls es neue Erkenntnisse gibt. Vielen Dank meine Lieben Kollegen dann bis morgen.“

Mein Chef kommt zu mir. „Herr Deutelmosser, ich muss sagen, sehr professionell haben Sie das gerade eben gemacht.“

„Danke Chef.“

„Und ziehen Sie sich mal was Anständiges an und gehen Sie mal zum Friseur. Sie sehen heute wieder aus …“

Ich lächle und sage nichts.

„So, Fleischi jetzt greifen wir uns den Immobilien-Fuzzi.“ Wir gehen dann in mein Büro.

„Was wollen wir jetzt machen?“, fragt er mich auf dem Weg zum Büro.

„Ich rufe jetzt den Hans Hansen an, ganz einfach.“

Ich greife zum Telefon und rufe die Telefonnummer an, die in meinem Notizbuch steht. Ich gebe mich als Bauunternehmer aus ich habe Hansen auch gleich an der Strippe. Ich mache einen Termin für Mittag um 13 Uhr 30 aus.

„Sauber, Fleischi, Glück muss man haben, das läuft heute wie am Schnürchen. Also, jetzt machen wir erstmal Mittag. Hast du was dabei?"

Antwort von Fleischi: „Nein, Helga hat gemeint, ich soll mir mein Essen selbst machen."

Ich erwidere: „Gut, dann auf zu unserem Metzger des Vertrauens."

Wir parken direkt vor der Metzgerei. Ich hole mir zwei Laugenwecken und Fleischsalat. Dazu eine Halbe Bier. Fleischi, nimm mal wieder einen Ring Schwarzwurst dazu und drei Knauzen-Wecken sowie eine Halbe Bier. Wir verspeisen alles genüsslich im Auto.

„So, Fleischi, bist du bereit?"

„Ja, kann losgehen, Karle."

Wir fahren also in die Weststadt und parken vor dem Büro, wo sich auch die Sparkasse befindet.

„Schau mal, was da hinter dem Haus steht. Es ist zwar nur die Schnauze von dem Drecks-Porsche zu sehen, Fleischi, aber er ist es."

„Ja, gleiche Nummer, S-HH-911, er ist also da, Karle! Wie gehen wir vor?"

„Ich denke, es gibt einen Hintereingang. Du bist an der Hintertür, für den Fall, dass er durch die Hintertür flitzen will. Ich werde den Haupteingang benutzen. Er wird bestimmt gleich die Biege machen, Fleischi. Wie ein Bauunternehmer sehe ich ja nicht aus, oder?"

Fleischi antwortet: „Ja, stimmt, eher wie ein Hippie!“, und lacht.

„So, holen wir uns den Lackaffen. Du läufst zur Hintertür, Fleischi. Gib mir dann ein Zeichen, wenn du bereit bist, okay?“

„Alles klar, Karle.“

Also warte ich und warte, was macht der da so lange? Das waren jetzt mindestens fünf Minuten. Ah, da ist das Zeichen, Fleischi winkt mir zu. Ich kontrolliere meine Waffe und steige aus. Laufe zum Haupteingang und betrete das Büro. Ich sehe den Verdächtigen hinter einem Schreibtisch. Ich sage: „Grüß Gott, Herr Hansen.“

„Wie kann ich Ihnen helfen? Haben wir einen Termin?“ Er lässt alles stehen und liegen und rennt zur Hintertür. Er reißt die Hintertür mit einer Geschwindigkeit auf, die mich überrascht. Aber Fleischi ist auch überrascht, ich höre ihn fluchen. Ich springe über den Tresen und bin ebenfalls an der Tür. Ich laufe nach draußen und sehe, dass Fleischi auf dem Boden liegt. „Geht es dir gut?“

„Ja, habe nur die Tür ins Kreuz bekommen.“

Der Porsche-Motor heult auf und Fleischi ruft: „Er geht uns durch die Lappen!“

„Nein, geht er nicht!“

Ich renne in Richtung Porsche, der Fahrer gibt Vollgas. Der Porsche bewegt sich unkontrolliert hin und her, durchbricht einen Zaun und prallt frontal gegen einen Baum.

Fleischi rennt an mir vorbei und schreit: „Den hole ich mir!“

Oha, Fleischi ist auf 180, so habe ich ihn noch nie gesehen. Er reißt die Fahrertür auf und zieht den Verdächtigen aus dem Auto. Mit einer Hand hält er ihn am Hals, der Typ zappelt wie ein Fisch und wird gewürgt. Jetzt schüttelt Fleischi ihn wie eine Puppe mit einer Hand, unglaublich. Ich sehe, dass der Porsche zwei platte Reifen hat. „Fleischi, lass ihn runter, er bekommt schon eine andere Farbe! Lass ihn runter, er bekommt keine Luft mehr!“

Jetzt öffnet er endlich seine Finger und lässt ihn fallen. Der Typ liegt am Boden und ringt nach Luft. Ich hole meine Handschellen und lege sie ihm an.

„Herr Hansen, ich nehme Sie wegen des Verdachts des zweifachen Mordes fest. Ich lese Ihnen jetzt Ihre Rechte vor.“

Fleischi setzt ihn auf den Randstein. Ich rufe Verstärkung. Ich laufe zu meiner Daisy und rufe meine Kollegen. Als ich zurückkomme, frage ich Fleischi, warum er so aufgebracht ist.

„Ich wollte die Luft aus allen Reifen lassen, aber das geht bei der Dreckskarre nicht. Dann habe ich mein Sackmesser genommen und die Reifen zerstochen. Bei zwei Reifen hat das geklappt, aber beim dritten ist mir die Klinge abgebrochen. Das Messer habe ich von meinem Vater zum zehnten Geburtstag bekommen.“ Und wieder will Fleischi auf den Typen los.

„Wir beruhigen uns jetzt wieder, Fleischi, in Ordnung?“

„Ja, alles wieder gut, Karle.“

Der Verdächtige ringt immer noch nach Luft.

„Ja, Herr Hansen, das sieht nicht gut für Sie aus, das heißt lebenslänglich Gefängnis für Sie! Mord an Josef Maier und Johannes Maier.“

„Mit Mord habe ich nichts zu tun, Herr Kommissar.“

„Ich kann Sie gerne noch mal mit meinem Kollegen alleine lassen, das Sackmesser hat ihm alles bedeutet.“

„Halten Sie mir den Gorilla vom Leib.“ Er hustet und spuckt aus.

„Und wie war das jetzt mit den Maiers, Herr Hansen?“

„Ich habe den Josef Maier nicht getötet, ich habe geholfen, ihn auf das Gleis zu legen, da war er schon tot.“

Dass er nicht tot war, behalte ich jetzt mal für mich.

„Der Torben hat ihn erschlagen mit einem Eisenrohr und angestiftet hat ihn die alte Frau Maier, das hinterhältige Dreckstück, die wollte nicht teilen! Sie wollte das ganze Geld für sich.“

„Kann ich das schriftlich von Ihnen haben, Herr Hansen? Das trägt erheblich zur Strafminderung bei.“

„Ja, alles, was Sie wollen. Nur halten mir den irren Gorilla vom Hals."

„Fleischi, du bist gemeint mit irrer Gorilla. Ja, das war gerade echt furchteinflößend." Ich grinse.

„Mein Sackmesser ist kaputt, Karle, verstehst du das?"

„Ja ich würde auch durchdrehen Fleischi. Jetzt beruhige dich aber. Ich möchte nicht, dass du dem gleich an die Gurgel springst."

„Aber mein Sackmesser, Karle!"

„Schluss jetzt. Bekommst ja meins. Das ist im Handschuhfach meiner Daisy."

„Ja, danke, Karle."

Inzwischen sind meine Kollegen da und sehr viele Schaulustige. Ich erkläre den Kollegen den Sachverhalt und gebe ihnen die Anweisung, den Unfall aufzunehmen und den Tatverdächtigen in die Arrestzelle nach Ravensburg zu bringen. Als ich da so stehe und mir den Porsche ansehe, der einen Vorgarten überrollt hat und an dem Baum hängt, steht auf einmal eine Frau neben mir, etwa 50 Jahre alt, mit Kittelschürze und Kopftuch und Pantoffeln.

Sie faucht mich an: „Sind Sie hier der Chef?"

„Ja, wer sagt das?"

Die Frau zeigt auf einen meiner Kollegen und sagt: „Der Polizist da drüben. Sind Sie Polizist? Kommen Sie gerade vom Fasching oder wie?"

„Nein, so sehe ich immer aus, gute Frau."

Die Frau sagt: „Wer zahlt denn den ganzen Schaden, und wer räumt die ganze Sauerei auf? Herrgott Sakrament, schade um den schönen Baum und die Windmühle, die mein Mann gebaut hat."

Ich denke, die Alte geht mir auf den Senkel, und antworte: „Also, ich bestimmt nicht, gute Frau. Der Herr, der da am Randstein sitzt, der wird das zahlen."

Die Frau läuft zu Herrn Hansen und schreit ihn an: „Sie zahlen das, gell?"

„Du alte Schreckschraube, lass mich in Ruhe. Ich habe ganz andere Sorgen. Mein schöner Porsche ist im Arsch!"

Auf einmal fängt die Frau an, Hansen zu treten, und schreit dabei: „Sie zahlen des, verstanden?"

Ich tue, als würde ich das nicht sehen. Bis der Herr Hansen schreit: „Kann mir mal jemand die Schreckschraube vom Hals halten?"

Ich laufe zu der Irren. „Sie lassen das jetzt oder ich nehme Sie mit auf die Wache, verstanden?"

„Ja, isch ja scho gut."

„Sie stellen auf der Wache eine Anzeige wegen Sachbeschädigung und bekommen den Schaden von der Versicherung des Porsche-Fahrers ersetzt, verstanden, gute Frau?"

„Ja, ja, isch gut."

„Und jetzt verschwinden Sie hier, verstanden?"

Sie zieht von dannen. Gott sei Dank.

Ich wende mich wieder Fleischi zu. „Hey, du irrer Gorilla. Kommst du? Schauen wir uns mal das Büro an.“

Im Büro angekommen durchsuchen wir die Räumlichkeiten. Wir finden Kontoauszüge. Auch eine Pistole, eine alte Wehrmachtspistole, eine Luger, aber ohne Munition und Magazin.

„So, wir fahren jetzt aufs Präsidium und verhören den Vogel, der hat ja eine Höllenangst vor dir, Fleischi. Deshalb wäre es sinnvoll, dass du natürlich dabei bist.“

„Ja, klar, Karle aber wegen dem seiner Dreckskarre ist mein Sackmesser kaputt.“

„Vergiss das Messer jetzt und beruhige dich, verstanden?“

„Aber mein Sackmesser, Karle!“

„Schluss jetzt, Fleischi. Bekommst ja meins. Das ist im Handschuhfach meiner Daisy.“

„Ja, danke, Karle.“ Also auf zur Daisy.

Als wir im Auto sitzen, durchsucht Fleischi das Handschuhfach und findet das Sackmesser.

„Sieht ja genauso aus wie meins, Karle, und wie neu.“

„Ja, habe es nie benutzt.“

„Danke. Es ist zwar nicht das gleiche, aber ich werde mich daran gewöhnen. Du weißt schon, Karle, ein Mann ohne Sackmesser ist ein Krüppel!“

„Ja, das habe ich auch schon gehört, Fleischi, aber ist mir egal.“

Im Präsidium angekommen ...

„Lass uns schnell in den Hock-Raum gehen und was trinken, ich habe einen Höllendurscht, was meinst du, Fleischi?“

„Gute Idee, das gleiche wollte ich dich auch gerade fragen.“

Wie so oft sind wie uns wieder einmal einig, der Fleischi und ich.

Ich hole zwei halbe Bier aus dem Kühlschrank. „Ich zahle heute, Fleischi, lass dein Geld stecken.“

Wir genießen unser Bier.

„Ich hoffe, Fleischi, deine Helga kommt wieder zur Vernunft?“

„Ja, das hoffe ich auch. Noch eine Nacht auf dem Sofa halte ich nicht aus. Bin einfach zu groß und das Sofa echt viel zu klein.“

„Hast du leer getrunken, Fleischi? Dann können wir los und den Immobilien-Fuzzi verhören? Und das mit dem Sackmesser ist vorbei? Ich möchte nicht, dass du dem gleich an die Gurgel springst!“

„Ja, alles wieder gut, Karle. Ist halt schade um das Messer und die vielen Erinnerungen, die daran hängen. Ich habe damit so viel Leberkäse geschnitten.“

Also auf in den Vernehmungsraum. Ich bereite alles vor, das Tonband bereitstellen und auf Funktion prüfen. Ich rufe in der Wache an, dass sie Herrn Hansen bringen sollen. Nach zehn Minuten bringen sie den Verdächtigen in den Verhörraum. Wir beobachten ihn durch den venezianischen Spiegel im Nebenraum.

„Also auf zum Endspurt, Fleischi."

Wir beteten den Raum, der Verdächtige springt gleich auf und schreit: „Halten Sie mir ja den Irren da vom Hals!"

„Ja, der tut Ihnen nichts, versprochen, Herr Hansen."

„Nee, nee, der Gorilla verschwindet, sonst sage ich gar nichts."

„Ich glaube, Fleischi, du solltest gehen."

„Ja ist mir auch recht."

„Du wartest bitte nebenan, falls er hier sich nicht benehmen kann."

„Alles klar, Karle."

Fleischi verlässt den Raum und ich schalte das Mikrofon ein.

„Also, Herr Hansen, ist das richtig? Sie möchten eine Aussage machen ohne Ihren Anwalt?"

„Ja, möchte ich. Ich kann mich selbst verteidigen, Herr Kommissar, ich möchte das endlich loswerden."

„Also gut. Woher kennen Sie die Familie Maier?"

„Ich war mit Torben beim Bund in der Marine und wir sind zusammen zur See gefahren und haben uns dann aus den Augen verloren und vor einem Jahr wieder getroffen."

„Und wo waren Sie am 5. April so zwischen 3 Uhr und 4 Uhr morgens?"

„In der Weststadt, am alten Hof der Familie Siebert. Torben hatte mich angerufen, er bräuchte Hilfe und es wäre dabei extra für mich was drin. Also bin ich in die Weststadt gefahren, die alte Frau Maier war auch da."

„War da Herr Josef Maier aus Ihrer Sicht schon tot."

„Ja, der war hinüber und gefesselt und lag im Kofferraum eines Opel Admirals."

„Und wer hat ihn getötet?"

„Torben hat gemeint, der Spinner habe seine Mutter schlecht gemacht und wollte nicht verkaufen. Dafür hätte er ihm mit einem Eisenrohr eins übergezogen. Ich sollte dafür 100.000 DM bekommen, ihn zu beseitigen."

„Wem gehört eigentlich die Firma H&H Immobilien, Herr Hansen?"

„Die gehört meinem Vater Horst Hansen. Ich führe die Verhandlungen und mache auch sonst alles, er sackt aber die Kohle ein."

„Und wie ging es dann weiter?"

„Wir sind an den Bahnübergang nach Weisenau gefahren und haben den Toten auf die Gleise gelegt."

„Damit es wie ein Unfall aussieht?"

„Ja, genau, Herr Kommissar."

„Und warum musste Josef Maier sterben?"

„Ja, er hatte die fixe Idee, den Hof wieder zum Leben zu erwecken, der Spinner. Aber die alte

Giftspritze wollte das nicht, die wollte das Geld, das raffgierige Miststück. Außerdem hat sie ständig den Torben gegen den Josef aufgehetzt. Der Josef war eigentlich ganz in Ordnung."

„Und haben Sie Ihr Geld bekommen, Herr Hansen, also die 100.000 DM?"

„Nein, das Dreckstück hat mich mit 10.000 DM abgespeist, deshalb sage ich auch aus. Die Alte soll dafür büßen, möge sie in der Hölle schmoren."

„Und darum sind Sie zum Pfarrer Johannes Maier und haben ihm alles erzählt?"

„Ja, genau, vor seinem Pfarrhaus habe ich ihm alles gebeichtet. Ich wollte, dass er weiß, was für ein hinterhältiges Miststück seine Schwester ist. Der ist danach komplett ausgerastet."

„Sie wissen schon, dass Pfarrer Johannes Maier auch tot ist."

„Ja, habe es in der Zeitung gelesen. Das tut mir leid, Herr Kommissar."

„Herr Hansen, ich muss Ihnen mitteilen, dass laut Obduktionsbericht Herr Josef Maier noch am Leben war, als Sie ihn auf sie Gleise legten."

„Wenn ich das gewusst hätte, dann hätte ich da nie mit gemacht, das können Sie mir glauben, Herr Kommissar!"

„Ja, das glaube ich Ihnen, Herr Hansen. Wie schätzen Sie eigentlich Ihren Kumpel Torben ein?"

„Er ist nicht mehr der gleiche wie früher, dem traue ich alles zu."

„Und möchten Sie noch was sagen?“

„Ja, ich bin froh, dass es jetzt heraus ist. Jetzt geht es mir besser, Herr Kommissar.“

„Das verstehe ich sehr Gut Herr Hansen. Sie werden jetzt in Ihre Arrestzelle zurückgebracht. Sie bekommen Ihre Aussage noch schriftlich, die Sie unterschreiben müssen. Ich wünsche Ihnen alles Gute.“

Ich verlasse das Zimmer und gehe ins Nebenzimmer zu Fleischi.

„Karle, super Arbeit, jetzt sind wir ja fast am Ende.“

„Ja, genau, Fleischi, morgen ist das große Finale. Ich hoffe, es läuft alles glatt. Es ist jetzt gleich fünfe, wollen wir noch zusammen ein Bier trinken?“

„Ja, logisch, eins geht immer, vielleicht auch zwei Karle.“

Als wir Hock-Raum ankommen, sind wir alleine, was ungewöhnlich ist. Ich trinke noch eine Halbe Bier und verabschiede mich von Fleischi. Ich fahre nach Hause.

Dort angekommen wartet schon mein Mitbewohner Carlos in der Küche auf mich. Ich gebe ihm was zu fressen und lege mich in die Badewanne.

Ich erwache so gegen 9 Uhr. Oha, fast zwei Stunden in der Wanne gepennt. Ich gehe dann ins Bett und stelle mir heute ausnahmsweise einen Wecker auf 7 Uhr.

[Kapitel 10] – Finale

Der Wecker reißt mich aus meinem Schlaf, und ich fühle mich nicht ganz fit. Hatte heute einen aberwitzigen Traum. Ich hüpfe unter die Dusche, die immer wieder ein Jungbrunnen ist für mich. Ich föhne meine Haare und rasiere mich wie jeden Tag. Heute ziehe ich mich besonders bunt an. Das Hemd hat Regenbogenfarben, echt cool, finde ich. So, jetzt noch einen Kaffee in der Küche und der Tag kann beginnen. Ich trinke meine Tasse leer und fahre ins Präsidium.

Ich laufe in mein Büro, setze mich auf meinen Platz und überlege, wie wir heute vorgehen sollen. Als ich so in Gedanken bin, betritt Fleischi den Raum.

„Guten Morgen, Karle. Na, gut geschlafen?“

„Es geht so, und du, Fleischi?“

„Ich habe heute wieder in meinem Bett geschlafen.“

„Und wo hat die Helga geschlafen?“

„Bei meiner Mutter. Wir haben uns gestern gestritten.“

„Und warum?“

„Sie möchte ihren alten Fleischi wiederhaben, und ich habe ihr gesagt, den gibt es nicht mehr. Ach ja, du bist der Schuldige. Seit ich mit dir unterwegs bin, bin ich nicht mehr derselbe.“

„Oh, ich? Na Bravo. Also, für mich bist du immer noch der Gleiche. Lass uns ein anderes Mal darüber reden, okay?“

„Ja, danke dir, Karle.“

„Aber, Fleischi, wir sollten jetzt zur Besprechung gehen.“

„Dann lass uns gehen, Karle.“

Als wir im Besprechungsraum ankommen, sind schon fast alle da. Ich warte noch bis 8 Uhr 30 und sehe meinen Chef in Anzug und Krawatte und meine anderen zwei Kollegen in Zivil.

„Guten Morgen, meine Herren“, beginne ich. „Zu Ihrer Info: Wir haben gestern Hans Hansen festgenommen und er hat ein umfangreiches Geständnis abgelegt. Somit wird Frau Maria Maier Anstiftung zum Mord, gemeinschaftlicher Mord und Betrug zur Last gelegt, und Herr Torben Maier Mord und Betrug. Der Herr Maier ist brandgefährlich und wahrscheinlich bewaffnet, also spielen Sie nicht den Helden.“ Ich schalte den Overhead-Projektor ein und erkläre, wer wo steht. „Also, Manfred, du stehst am leeren Infoschalter und machst einen auf ungeduldigen Kunden. Rudi, du bist gleich am Eingang an dem Tisch und füllst einen Überweisungsschein aus. Unser Chef ist am Schalter 1 und macht Kundenbetreuer. Fleischi und ich sind hier neben dem Schalter, der für Kunden nicht einsehbar ist. Ich habe ein Funkgerät dabei, Kanal 3 ist unser Kanal. Wie gestern schon erwähnt: Wir brauchen

Straßensperren Richtung Marienplatz, Seestraße und Richtung Hirschgraben, natürlich erst, wenn die zwei Verdächtigen die Bank betreten haben. Sie geben das Signal über Funk, dass die Verdächtigen die Bank betreten. Unser Chef ruft Zugriff, sobald das Geld übergeben wurde. Noch irgendwelche Fragen?"

„Und wenn jetzt doch Kunden die Bank betreten wollen?", will Rudi wissen.

„Der Chef wird sie wegschicken, und wir hoffen, dass wenn wir zugreifen, keine Kunden in der Bank sind. Also, Abmarsch, meine Herren."

Wir fahren also Richtung Marienplatz und parken dort. In der Bank angekommen, wartet schon mein Vetter, der Franz, auf mich und der Geschäftsführer.

„Guten Morgen, meine Herren." Ich erkläre ihnen meinen Plan. „Und ist das Geld vorbereitet?"

„Ja, klar, Karle. Alle Seriennummern sind notiert, und alle Kunden sind informiert worden, dass wir heute geschlossen haben wegen Revision."

„Wie viele Angestellte sind noch im Haus?"

„Sieben Angestellte, aber alle oben eingeschlossen."

„Sehr gut. Dann gehen Sie bitte jetzt nach oben, schließen die große Tür und verbarrikadieren sich in ihren Büros. Wir melden uns, wenn der Einsatz vorbei ist."

Wir bringen uns in Stellung, ich teste das Funkgerät. „Hallo, hier Deutelmosser, ihr meldet euch, wenn die Maiers die Bank betreten?"

„Ja, machen wir. Ende", kommt aus dem Funkgerät.

Fleischi steht neben mir, und ich sehe nur den Schalter und den Chef, der gerade Maniküre macht. Hat der Nerven, ist mein Gedanke. Ich schaue auf meine Uhr, 9 Uhr 30, bisher hat kein Kunde die Bank betreten. Ich schaue öfters auf die Uhr, als mir lieb ist. Bin schon ein wenig nervös. Auf einmal kommt über das Mikrofon, dass ein junger Mann und eine ältere Frau auf dem Weg zur Bank sind. Ich rufe: „Es geht los, Kollegen!"

Ich nehme das Funkgerät und rufe: „Straßensperren bereitmachen."

Nach wenigen Minuten betritt Frau Maier die Sparkasse. Aber ich sehe Torben Maier nicht. Sie geht zu meinem Chef. Er übergibt einen vorbereiteten Auszahlungsschein, sie unterschreibt. Er zählt ihr das Geld vor, nur große Scheine. Ich sehe immer noch nicht Torben Maier. Er wird wahrscheinlich in der Halle warten.

Auf einmal schreit der Chef: „Zugriff!" Ich stürme mit Fleischi hinter dem Schalter hervor. Rudi und Manfred haben schon Frau Maier auf den Boden geworfen. Ich schaue in die Halle und sehe, wie Torben Maier auf uns schießt. Die Kugel schlägt hinter uns in der Panzerscheibe ein.

Ich ziehe meine Walther PPK und erwidere das Feuer. Die Kugel schlägt in die Eingangstüre ein, die dabei zerspringt. Der Täter flüchtet, und ich gebe über Funk Bescheid: „Ein Täter flüchtet! Auf, Fleischi, hinterher!“ Wir rennen zur Eingangstüre. Der Flüchtige springt nach links über die Brüstung nach unten. Ich stehe ebenfalls an der Brüstung und will springen, aber das sind mindestens fünf Meter, was mir zu viel ist. Ich sehe, wie der Verdächtige die Federburgstraße hochläuft, Richtung Mehlsack.

„Fleischi, alle verfügbaren Kräfte Richtung Obertor Markstraße. Ich gebe dir jetzt das Funkgerät. Alles klar?“, frage ich, bevor ich losrenne.

Ich gehe die Treppen hinunter und renne die Federburgstraße nach oben. Dabei entdecke ich Blut auf der Straße, also muss er verletzt sein. Die nächsten Blutstropfen finde ich auf dem Weg Richtung Gaststätte Räuberhöhle. Ich sehe noch, wie er zum Hintereingang der Räuberhöhle hineinläuft, der offen steht. Auch vor der Tür sehe ich Blut. Ich ziehe meine Walther PPK und durchsuche zuerst die Toiletten. Danach betrete ich den Gastraum und sehe den Verdächtigen an der Eingangstüre, die er vergeblich zu öffnen versucht. Ich rufe: „Herr Maier, Waffe weg!“

Er schießt sofort auf mich, aber ich springe hinter den Tresen in Deckung. Die Kugeln durchschlagen den Tresen und bleiben hinter mir stecken. Ich suche Schutz direkt hinter dem Schanktresen, gehe in die Knie und schaue über den Tresen. „Herr Maier, Sie haben keine Chance, hier herauszukommen!“, warne ich ihn.

Er schießt erneut auf mich, und plötzlich spüre ich ein Stechen, da er mich am Oberschenkel erwischt hat. Ich erwidere das Feuer und schieße mein Magazin leer. Es macht nur noch klack, klack.

„Na, du Drecksbulle hast wohl keine Munition mehr!“, höre ich ihn spotten.

Mir wird ganz komisch, ich sehe schwarze Punkte, und dann steht der Typ vor mir. „So sehen wir uns wieder, du Drecksbulle. Ich wusste, dass wir uns wiedersehen, als du damals meine Mutter dumm angemacht hast. Da habe ich mir geschworen, dich kriege ich noch! Und jetzt liegst du da und blutest wie ein abgestochenes Schwein. Deine Zeit ist um, du Hippie-Bulle, dich schicke jetzt über den Jordan!“

„Das glaube ich nicht“, erwidere ich. Ich sehe Fleischi verschwommen. „Ich habe noch einen Fleischi!“

„Red keinen Scheiß!“ Er lädt die Waffe durch.

In diesem Moment sehe ich, wie Fleischi ihm einen Hocker über den Schädel zieht. Der Verdächtige bricht zusammen und fällt neben mich.

„Das war höchste Eisenbahn, Fleischi!“

Erst jetzt sehe ich die riesige Blutlache neben mir.

„Karle nicht einschlafen, dableiben“, höre ich noch. Dann wird es dunkel.

Es wird hell um mich herum. Ich öffne meine Augen und fühle mich wie gerädert. Ich sehe eine weiße Decke, ich liege in einem Bett, in meinem Arm steckt eine Infusion und mein Fuß ist verbunden. Ich schaue nach rechts und wer hält meine Hand? Die Simone und der Fleischi steht daneben.

„Du bist wieder zurück, Karle."

„Mein Liebster, da bist du ja wieder, ich habe mir solche Sorgen gemacht."

„Wie lange war ich denn weg, Fleischi?"

„Zwei Tage Karle und Simone ist nicht von deiner Seite gewichen."

„Danke, Simone." Sie umarmt und küsst mich, was mir gerade egal ist.

„Und, Fleischi, habt ihr den Torben Maier verhaftet?"

„Ja, der liegt auch noch im Krankenhaus. Aber darüber mach dir keine Sorgen wir haben alles im Griff. Schönen Gruß von allen, besonders vom Chef, der kommt dich morgen besuchen."

In diesem Moment geht die Türe auf und wer kommt herein? General Haubentaucher mit dem Mittagessen. „Hallo Herr Deutelmosser, da sind Sie ja wieder."

„Ja, da bin ich wieder, Schwester Kreszentia."

„Aber lassen Sie das nicht zur Gewohnheit werden! Und, Herr Deutelmosser, bedanken Sie sich bei Ihrem Kollegen. Er hat Ihr Bein abgebunden und hat Blut gespendet."

„Wir sind jetzt Blutsbrüder, Karle."

„Jetzt im Ernst, Fleischi?"

„Ja, ich finde das genial, dass wir jetzt Brüder sind."

„Danke, Fleischi."

„So, Karle, ich muss jetzt gehen. Ich sollte nach Hause und ein wenig schlafen", meldet sich Simone.

„Danke Simone!"

„Ich komme morgen wieder, mein Süßer." Sie gibt mir einen Kuss und geht.

„Hast du Simone informiert, Fleischi?"

„Ja, warum nicht? Ein wenig Beistand kann nicht schaden, habe ich mir gedacht."

„Und was gibt es heute zu essen?"

„Du hast Suppe und Schweinebraten mit Klößen und als Nachtisch Milchreis. Willst du das essen?"

„Nein, ich habe keinen Hunger."

„Darf ich es haben, Karle?"

„Ja, sicher, wäre ja schade darum. Hat sich wer um Carlos gekümmert?"

„Ja, das habe ich gemacht."

„Ja, dann guten Appetit. Ich werde jetzt weiterschlafen, Fleischi."

Ende

Übersetzung Schwäbisch – Hochdeutsch

Schwäbisch	Hochdeutsch
Mir ham eh Leiche!	Wir haben eine Leiche
Vergiss dei Funzel	Vergiss deine Taschen lampe nicht
I han jetzt Hunger	Ich habe jetzt Hunger
Gscheitle	Ein Intellektueller
Sturggeder	Stuttgarter
Bole	Männlicher Kater
Mensch han i en Durscht	Mensch habe ich einen Durst
gugt me it is maul	Schaut man nicht in den Mund
Lumpengruscht	Dinge die keiner braucht
i han durscht	Ich habe Durst
i han	Ich Habe
na laufscht	wo du hinläufst
Sündenwüschte	Sünden Hässlich
Dahoim	zu Hause
hoim laufen	nach Hause Laufen
han i au no en schiffa Zinka.	Jetzt habe ich auch noch eine schiefe Nase
Beetmuckeln	Frauen, die Ständig beten
Dorfblättle	geschwätzige Frau
Oberhaubentaucher	Oberschwester mit Ordenstracht

Ja, isch ja scho gut	Ist ja schon gut, alles in Ordnung
LKW	Leberkäsewecken